EN ATTENDANT DE GAULLE…

Franz-Olivier Giesbert

EN ATTENDANT DE GAULLE...

Albin Michel

« Dès qu'on a pensé une chose, chercher dans quel sens le contraire est vrai. »

Simone Weil,
La Pesanteur et la Grâce

« L'amour de la vérité est toujours accompagné d'humilité. »

Simone Weil,
La Personne et le Sacré

« Lorsque le journalisme se confond avec l'organisation du mensonge, il constitue un crime. »

Simone Weil,
L'Enracinement

Sommaire

AVANT-PROPOS

Pour en finir avec « l'avachissement »

La France est toujours atteinte du mal que dénonçait de Gaulle dans les années 60, quand tout semblait aller bien : « l'avachissement ». Tandis que monte une mer patouilleuse et que tombent les mauvaises nouvelles, nos gouvernants successifs, virtuoses du déni, préfèrent regarder ailleurs.

« Maintenant, disait le général de Gaulle en 1967, je donne ou j'essaie de donner à la France l'image d'une nation solide, ferme, décidée, en expansion, alors que c'est une nation avachie qui pense seulement à son confort, qui ne veut pas d'histoires, qui ne veut pas se battre, qui ne veut faire de peine à personne (...). La France est faite pour se coucher[1]. »

C'est ainsi que de Gaulle a, selon la formule d'André Malraux, « porté le cadavre de la France en faisant croire qu'elle était vivante ». Il fut, d'une certaine manière, un magicien ou, à tout le moins, un alchimiste qui faisait de l'or avec de la tourbe. Telle est la première explication

1. Le 23 août 1967, cf. *Tous les soirs avec de Gaulle*, tome 1 du *Journal de l'Elysée (1965-1967)* de Jacques Foccart, Fayard-Jeune Afrique, 1997.

à la nostalgie qu'il suscite aujourd'hui. Il y en a une deuxième : contrairement à la plupart de ses successeurs, c'était « un chef sachant cheffer », comme disait Chirac. Dans l'inconscient collectif des Français, il est celui qui, en 1958, a réformé leur pays en quelques mois.

Tous les candidats ou presque se sont réclamés de son legs, quand ils n'ont pas fait le pèlerinage à Colombey-les-Deux-Eglises. Dans la mesure où le gaullisme n'est pas une idéologie mais une méthode mise en œuvre par un personnage gullivérien, de dimension historique, on ne voit pas bien quel est le lilliputien qui pourrait, à bon droit, faire valoir ses titres d'héritier.

Emmanuel Macron a du charisme, avec le sourire afférent, mais il lui manque le caractère. Il biaise, procrastine, finasse, dit une chose et son contraire « en même temps », pour plaire à tout le monde. Apparemment, il n'est pas un adepte d'une des plus célèbres maximes du Général, tirées de ses *Mémoires de guerre* : « La difficulté attire l'homme de caractère, car c'est en l'étreignant qu'il se réalise lui-même. » Après s'être défaussé sur un comité Théodule de scientifiques, il a mis un an pour prendre finalement en main, en janvier 2021, au demeurant avec succès, la politique sanitaire face au Covid. Le régalien, c'est-à-dire les prérogatives relevant de l'autorité souveraine, un mot qui fleure l'Ancien Régime, ce n'est pas son fort, malgré ses récents efforts.

Longtemps stagiaire, Macron a beaucoup mieux fini son mandat qu'il ne l'avait commencé. Il a appris. Il reste que, traumatisé par l'affaire des gilets jaunes, il a souvent eu la main qui tremblait, quand il ne la mettait pas sous la table. Dans la griserie enfantine qui a suivi son élection, il s'est pris un moment pour Jupiter mais, en fait de roi des dieux, tout le monde a fini par comprendre que c'était plutôt Epiphron, l'esprit de la prudence et de... la sagacité.

Comme Jacques Chirac, son « parrain » en politique, Valérie Pécresse a, elle, du caractère mais pas de charisme oratoire. Elle cultive comme ce dernier une éloquence administrative, mécanique, mais attention, il ne faut pas lui marcher sur les pieds. En 2007, à peine nommée ministre des Universités, elle reçoit devant moi, par téléphone, une convocation de Claude Guéant, le secrétaire général de l'Elysée du nouveau président, Nicolas Sarkozy. Je la vois encore m'assurer sur un ton détaché que contredisait son air de défi : « Je n'irai pas. Si Sarkozy a des choses à me dire, qu'il me les dise directement. »

Studieuse, bonne élève, Valérie Pécresse a de l'autorité, une autorité naturelle : elle connaît très bien ses dossiers, ce qui n'est pas toujours le cas de ses collègues. En 2021, Alain Minc, le *consigliare* du Tout-Etat, s'était mis en tête de convaincre Emmanuel Macron d'en faire son Premier ministre. Il n'a pas réussi. Le président savait qu'elle n'était pas très arrangeante et qu'il aurait de surcroît du mal à la manœuvrer ; à ses yeux, sa nomination à Matignon aurait été une abdication.

S'il est pourvu à la fois de charisme et de caractère, Eric Zemmour, invité surprise de 2022 et par ailleurs bon débatteur, est un orateur du niveau de Mélenchon, excusez du peu. Il a réussi son épreuve du feu lors de son meeting de Villepinte. Comme Trump en son temps, il tire profit de la détestation à son encontre de médias eux-mêmes très impopulaires. Mais il n'est pas en situation. Cette année, il a semblé faire ce qu'on appelle un tour de chauffe avant... 2027.

Exécrable débatteuse et piètre oratrice, Marine Le Pen est, elle, réputée n'avoir ni charisme ni caractère mais elle a su faire preuve d'autorité dans son parti, notamment face à son père, ou en virant ses opposants. Qu'elle soit sous-estimée par une classe politico-médiatique obnubilée par Zemmour, cela reste un atout pour elle. On ne la verra pas venir ou… revenir. Elle est de plus pourvue de cette obstination qui, souvent, fait la différence.

Tels sont les quatre vrais candidats de 2022. Ce sont les seuls qui, à certains égards, sont des professionnels. Il se détachent de tous les autres qui ont l'air de figurants. Y compris, signe des temps, Jean-Luc Mélenchon.

Quand la gauche s'est autodétruite

A cette campagne, il manque quelque chose, j'allais dire une âme, pour sourire : la gauche. Observez comme elle a disparu du paysage. De son propre fait. Du jamais vu depuis la présidentielle de 1969 où elle avait été absente du second tour réduit à un duel à l'intérieur de la droite, entre Pompidou et Poher. Comment en est-elle arrivée là ? Ce n'est pas François Hollande qui, avec l'aide de Manuel Valls, aurait tué la gauche pendant son quinquennat, comme le prétend une légende urbaine répandue par la presse bien-pensante ou certains de ses anciens ministres déçus.

Ce sont les adversaires « de gauche » de Hollande, entendez à la gauche de la gauche, pseudo-gardiens du Temple, marxistes d'opérette, qui ont liquidé… la gauche. A la tête de ces fossoyeurs : Benoît Hamon, « frondeur » en chef et candidat du parti à la présidentielle de 2017 (6 %, le plus mauvais score de l'histoire du PS !), conseillé par Thomas Piketty en personne !

Qu'attend la droite pour leur ériger à tous une statue ? Au lieu de tenir sur les valeurs traditionnelles de la gauche, comme le travail, la laïcité, la République ou le pouvoir d'achat, ces apprentis sorciers les ont toutes jetées par-dessus bord pour complaire à de nouvelles catégories d'électeurs qu'on range souvent sous le vocable de bobos (« bourgeois-bohèmes »). C'est une stratégie qui, apparue sous le gouvernement de Jospin (1997-2002), s'est répandue chez les socialistes et les écologistes, mais qui a été théorisée en 2011 par un laboratoire politique proche du PS, Terra Nova.

Intitulé « Gauche, quelle majorité électorale pour 2012 ? », le rapport de Terra Nova est révolutionnaire : il prône une américanisation de la gauche française. Rédigé par des proches de Dominique Strauss-Kahn, alors considéré comme le futur président, il enterre la classe ouvrière « en déclin ». Représentant encore 37 % de la population active en 1981, elle est tombée à 23 % à l'époque. Voilà, selon les rapporteurs, l'explication de la « crise » que connaît la social-démocratie, partout en Europe. Il faut donc la dépasser, passer à autre chose.

Terra Nova préconise un Grand Remplacement, ni plus ni moins. A l'électorat populaire qui constituait jusqu'à présent le socle historique du PS, il préfère désormais « les diplômés, les jeunes, les minorités et les quartiers populaires, les femmes ». Dans la foulée, il donne les éléments d'un nouveau discours qui devra suivre « le mouvement sur les questions de société », incarné désormais dans « la tolérance, l'ouverture aux différences, une attitude favorable aux immigrés, à l'islam, à l'homosexualité, la solidarité avec les plus démunis ». Il s'agit pour lui de refaire la gauche à zéro.

N'exagérons pas : Terra Nova n'a pas donné un vade-mecum à la gauche. Il n'a fait que mettre en forme son évolution, ses multiples abandons. Ces derniers ont abouti à la démarche suicidaire des « frondeurs » socialistes, soutenus par les médias de gauche qui ont, avec l'aide des Verts, saccagé la présidence de François Hollande (2012-2017) qu'ils accusaient de « trahison » ou, insulte suprême, de « libéralisme » avant de se recycler, pour beaucoup d'entre eux… dans le macronisme.

Pourquoi la gauche a-t-elle troqué une stratégie « populaire », matrice historique de son identité, pour une stratégie post-moderne et « progressiste », alors qu'elle aurait pu mener les deux de conserve ? Elle était trop pressée de se défroquer ; elle n'a pris le temps de réfléchir. La preuve, la « social-démocratie » européenne n'est pas morte, loin de là, comme l'ont montré, le 26 septembre 2021, les résultats des élections fédérales allemandes qui ont permis le retour au pouvoir du SPD, le plus vieux parti du pays. Dans le même temps, la gauche française était redevenue ce « grand cadavre à la renverse » qu'avait jadis raillé Sartre. Ni gauche de gouvernement ni gauche tribunicienne de protestation, elle avait rompu avec son passé : coupée de ses racines, elle s'interdisait, après avoir délaissé l'électorat populaire, de revenir au pouvoir avant longtemps.

Si la France s'est droitisée, comme on a coutume de le dire, c'est parce que la gauche, en changeant de nature, a déserté son champ politique traditionnel. Embourgeoisée, elle a laissé le terrain social et ses combats ancestraux à la droite dure qui, en les relayant, s'est enracinée dans les anciens fiefs électoraux du PC et du PS. C'est ce qu'on peut appeler un suicide politique. Résultat : aujourd'hui, après qu'est passé sur elle le cyclone des « frondeurs », la gauche est laminée, marginalisée éparpillée façon puzzle.

J'ai toujours eu un faible pour Jean-Luc Mélenchon

– comme pour François Hollande. Personne n'est parfait. Mélenchon a longtemps su où il allait. Il y a une dizaine d'année, après un déjeuner bien arrosé, il m'avait confié son grand dessein secret : rassembler un jour toute la gauche. Tel un coucou, il commencerait par récupérer les trotskystes avant de faire son nid chez les communistes. Après quoi, il ferait main basse sur le PS, comme Mitterrand naguère, avant de conquérir les écologistes, puis les « patriotes » de la droite républicaine, et en voiture, Simone !

Du Mitterrand en plus fort, plus rassembleur encore. Pour mettre tout le monde d'accord autour d'un gloubiboulga idéologique, il était peut-être l'homme de la situation. Il avait la créativité, l'éloquence, la truculence.

Las ! Lors de la deuxième étape de son plan, quand il s'est agi de s'emparer du PC, il est tombé sur un os. S'il a pu exister malgré tout et sauver les meubles de son parti, contrairement aux autres dirigeants de la gauche, il est désormais à la tête d'une boutique où il doit se sentir à l'étroit et dont la clientèle se limite à une fraction de l'extrême gauche racialiste ou wokiste. Sans oublier les islamo-gauchistes qui s'adonnent à la nouvelle bigoterie à la mode, celle des musulmans radicalisés.

La gauche est, comme la France, en attente d'un homme providentiel. L'une rêve d'un nouveau Mitterrand, comme celui de 1971, qui, à partir du congrès d'Epinay, a refait son unité. L'autre appelle de ses vœux une personnalité forte qui, comme de Gaulle en 1958, la rebâtirait. D'un bout à l'autre du spectre politique, au milieu des décombres d'un monde en démolition, chacun a bien conscience que tout est à reconstruire ou à réinventer.

Le Général voulait « bousculer le pot de fleurs »

Pourquoi le mythe de Gaulle reste-t-il intact aujourd'hui ? Parce qu'une fois aux affaires, il n'a pas hésité, contrairement à presque tous ses prédécesseurs, à « bousculer le pot de fleurs », comme il disait. Parce qu'il n'a jamais donné le sentiment d'être entravé par les contraintes, les pesanteurs, l'immobilisme incarnés par la haute fonction publique. « Les chiens aboient, la caravane passe », répétait-il en avançant sans s'arrêter en direction des objectifs qu'il s'était assignés.

Pour agir de la sorte, il faut se sentir prédestiné et n'avoir peur de rien, surtout pas de soi-même. Après le retour au pouvoir, le Général a accompli ses travaux d'Hercule en un temps record : nouvelles institutions avec la Constitution de 1958, décolonisation éclair de ce qu'on appelait les Afriques Occidentale ou Équatoriale françaises (Sénégal, Côte d'Ivoire, Togo, Centrafrique Gabon, Mali, Mauritanie, Tchad, etc.), traitement économique de cheval avec le plan de rigueur signé Jacques Rueff. Il y avait quelque chose de militaire dans la rapidité d'exécution menée par des personnalités fortes comme Michel Debré, auxquelles de Gaulle déléguait souvent tout. Depuis longtemps, personne n'aura fait autant que lui en si peu de temps.

Chacun leur tour, Valéry Giscard d'Estaing et François Mitterrand ont bien roulé leur meule sur la France mais ils ne l'ont pas refaite ensuite du sol au plafond, comme de Gaulle. A ces deux exceptions près, tous les autres successeurs du Général n'ont pas su profiter de cette période bénie qu'on appelle les « cents jours » – et qui dure souvent davantage – pendant laquelle le nouvel élu peut tout faire ou presque, alors que l'opposition et les forces du statu quo, encore anéanties par la défaite, sont incapables de réagir.

Tous ont eu des excuses, en particulier Nicolas Sarkozy, surpris par la crise des subprimes de 2007-2008 ou François Hollande qui, à la suite des manœuvres de Martine Aubry, secrétaire nationale du PS et ancienne rivale des primaires, ne disposait pas d'une majorité à sa main, à l'Assemblée nationale. Mais force est de constater que, depuis le départ du grand homme, le pays n'a cessé de dégringoler sur la pente du déclin, tandis que le Royaume-Uni après Margaret Thatcher ou l'Allemagne après Gerhard Schroeder connaissaient un saisissant rebond.

Cela n'a pas impressionné la France qui, sereine et immuable, a continué de suivre « la politique du chien crevé au fil de l'eau », comme disait de Gaulle. Dominant la gauche et terrorisant la droite, la doxa médiatico-universitaire s'est ingéniée, des années durant, à empêcher tout débat sur la nécessité des réformes de fond réalisées avec succès chez nos deux voisins britannique et allemand. Pensez ! Le monde entier enviait notre « modèle social ». Le moderniser aurait été sacrilège ; c'eût été céder aux sirènes du libéralisme qu'on n'appelait plus, désormais, qu'ultra-libéralisme pour mieux le disqualifier : comment pouvait-on oser parler d'un déclin économique alors que notre pays se portait mieux que jamais ?

C'est ainsi que les Français ont été gavés, par la suite, de dénis et d'illusions. Promue par des pseudo-économistes de gauche, la pensée magique est quasiment devenue unique et obligatoire, dès le plus jeune âge, à l'école. Ces fumistes ont applaudi à la réduction du temps de travail hebdomadaire à 35 h : elle allait créer des emplois – on les attend toujours ! Ils ont salué les déficits de toutes sortes qui étaient une aubaine pour la France : ils permettraient de relancer l'économie. Loin de s'en inquiéter, ils se sont félicités de la dette galopante de l'Etat : elle serait effacée un jour. Les pitres !

Le résultat est une situation économique catastrophique qu'on ne saurait imputer seulement à Emmanuel Macron ou à son ministre de l'Economie, Bruno Le Maire. Ils ont été les héritiers de plus de trois décennies d'impéritie et ils n'ont pas été aidés par la conjoncture sanitaire. Mais, même s'ils ont su faire face au choc du coronavirus, ils n'ont pas pu renverser la tendance à l'affaissement économique qui se conjugue, sur fond d'effacement de l'autorité, à la montée de l'insécurité ou à l'incapacité à gérer les flux migratoires. Autant de fiascos qui expliquent le score attribué à la droite dure par plusieurs instituts de sondage, après qu'ils ont additionné tous ses éléments : environ 40 % des suffrages si l'on ajoute les partisans d'Eric Ciotti chez les Républicains.

« Tous les présidents sont fous »

C'est une pitié de voir M. Macron gaspiller son talent à parer son bilan présidentiel de tous les atours alors que celui-ci pourrait largement tenir sur un ticket de métro. L'homme n'est pas sans qualités. Si l'on essaie de dégager la principale différence entre de Gaulle et lui, c'est sans doute, malgré ses brusques poussées d'hubris, un esprit plus rationnel que celui du premier de ses prédécesseurs, un sens beaucoup moins aigu du tragique de l'Histoire.

« Tous les présidents sont fous, aimait dire Pompidou. Il y a les très fous, les un peu fous, les pas assez fous, mais ils sont tous fous. » Sans doute entendait-il par là qu'ils avaient tous une grande capacité à s'affranchir du réel.

De Gaulle, par exemple, aura sans doute été, toute révérence gardée, le plus « fou » de tous. Pierre Messmer, qui fut son ministre des Armées pendant neuf ans et quatre mois, était certes dans la vénération mais il décrivait volontiers le Général comme un « original » proférant des « énormités » ou tenant des propos « saugrenus ». Son incroyable détermination ne venait-elle pas aussi de son côté « farfelu » ?

Une histoire drolatique apporte un éclairage décapant sur son tempérament et on ne voit pas un seul ancien chef de l'Etat de la Ve capable, en dehors de lui, de se comporter de la sorte. Elle est racontée par François Malye dans son excellent livre, *De Gaulle vu par les Anglais*[1]. Il s'est informé aux meilleures sources : un télégramme de l'ambassadeur de Grande-Bretagne à Paris, Pierson Dixon, qui fait part d'une confidence que lui a faite lors d'un déjeuner Paul Reynaud, ex-président du Conseil et mentor politique du grand homme dont il avait fait en 1940 son sous-secrétaire d'Etat à la Guerre.

Après que le Général se fut opposé, en 1963, à l'entrée de la Grande-Bretagne dans le Marché commun, Paul Reynaud lui avait écrit une lettre pour lui dire qu'il regrettait sa décision, lui rappelant que les Britanniques « avaient par deux fois sauvé la France ». « En retour de quoi, rapporte l'ambassadeur britannique, Reynaud reçut par la poste une lettre de la main du général de Gaulle ou

1. Calmann-Lévy, 2020.

plutôt une enveloppe qui s'avéra être vide. Sous l'adresse parisienne de Reynaud, on pouvait lire : « En cas d'absence, faites suivre à Waterloo, Belgique. »

Sans retenue ni complexe, de Gaulle n'a pas de filtre. En Mai 68, il demandait ainsi régulièrement à son gouvernement de faire tirer sur les manifestants – tous ses collaborateurs d'alors le confirment dans leurs Mémoires : Christian Fouchet, ministre de l'Intérieur, Alain Peyrefitte, ministre de l'Education nationale, ou Jacques Foccart, l'homme de l'ombre et des missions secrètes.

« Vous avez l'air terrorisé devant ces gamins, éructait-il devant les deux premiers, le 8 mai 1968. A la fin des fins, l'Etat a une prérogative, celle d'abattre ceux qui veulent l'abattre. Vous faites les sommations, vous tirez en l'air, une fois, deux fois, et si ça ne suffit pas, vous tirez dans les jambes[1]. » On se frotte les yeux. D'ailleurs les ministres ne le feront pas.

Une autre fois, toujours en Mai 68, de Gaulle suggérait de donner de la gnôle aux policiers, pour leur donner du courage, comme l'armée en distribuait aux soldats des tranchées de 14-18 avant une offensive. Sans doute voulait-il, selon l'expression d'un gaulliste, « couler du bronze dans la colonne vertébrale » des membres du gouvernement. Il y avait néanmoins quelque chose d'abracadabrantesque dans l'impitoyable véhémence du Général qui, à cette époque, traitait régulièrement ses ministres d'« eunuques » ou de « couilles molles ». Combien de temps un tel homme aurait-il tenu dans une société ultra-médiatisée comme la nôtre aujourd'hui ?

1. Cf. *C'était de Gaulle* par Alain Peyrefitte, tome 3, éditions de Fallois-Fayard, 2000.

Le toboggan du « déclassement français »

Malgré ses lubies et ses extravagances, de Gaulle a bien assuré. Ce qui, de 2017 à 2022, aura le plus manqué à Macron, comme à la plupart de ses prédécesseurs, c'est une volonté de fer et l'absence de ce sentiment d'urgence, non dénué de désespoir, qui animèrent le Général tout au long de sa présidence, en particulier pendant son premier mandat. Avec lui, quand une décision était prise et qu'elle n'était pas contestée par les siens, il fallait toujours passer vite à l'exécution, ça passait ou ça cassait.

Ceux qui ont succédé au grand homme avaient souvent l'air pénétré des bovins qui regardent passer les trains. On a cherché toutes sortes d'excuses à leur passivité, à leur fatalisme. La faute à qui ou à quoi ? A l'Europe qui aurait soi-disant annihilé la souveraineté française, voire son énergie. Aux fossoyeurs de la CGT, syndicat absurde qui, tout en organisant involontairement son propre suicide, n'a pas peu contribué à l'effondrement de l'industrie française. A la fièvre des chaines d'info en continu qui embrouilleraient les esprits. A la transparence et à la frénésie médiatique imposée par les réseaux sociaux. Fadaises !

C'est bien de caractère qu'auront manqué la plupart des autres gouvernants de la Ve République. Tandis que le chancelier allemand, Gerhard Schroeder, refusait de retirer ses projets devant des manifestations monstres, des dirigeants français, comme Balladur ou Villepin, lâchaient tout devant des minorités syndicales agissantes. A la fin de 1995, après que j'eus demandé à Jacques Chirac, alors président, pourquoi il avait fait retirer par son Premier ministre, Alain Juppé, une réforme audacieuse de la Sécurité sociale et des régimes spéciaux de retraites, il me répondit : « On ne gouverne pas la France contre les Français. Le peuple a toujours raison. » Une façon pour Chirac de dire qu'il préférait suivre le peuple, comme un politicien, au lieu que ce soit le peuple qui le suive, ce qui est le cas pour les hommes d'Etat.

De Gaulle aimait gloser sur la France, historiquement gauloise et donc ontologiquement « ingouvernable ». Il en voulait pour preuve qu'elle comptait 246, 258 ou 365 variétés de fromages – des chiffres qu'il lui arrivait de citer mais qui sont en réalité beaucoup plus élevés[1]. Notre cher et vieux pays est certes plus difficile à gérer que l'Allemagne mais s'il en est là aujourd'hui, c'est parce que, depuis plusieurs décennies, rares sont ceux qui, à la tête de l'Etat, se sont hasardés à le gouverner au sens propre du terme et au nom de l'intérêt général. C'est pourquoi il a pris tant de retard par rapport à ses principaux partenaires – et l'Europe n'y est pour rien.

De gauche ou de droite, pseudo-marxistes ou libérales, les « élites » françaises sont hors-sol : écoutez-les se gargariser de grands mots, de « nouvelle économie » ou de « start-up nation industrielle » ; la nation dont elles parlent n'existe pas, c'est une chimère qui relève de la « fantasy », genre artistique pour ados où le surnaturel change les règles du monde. Préférant toujours les diversions, elles se gardent bien de s'attaquer aux fondations économiques du pays qui, aujourd'hui, sont branlantes : une telle politique remettrait en question trop d'intérêts, trop de corporatismes.

Nous sommes sur un toboggan, celui du « déclassement

1. Selon le Centre national interprofessionnel de l'économie laitière, la France compte au moins 1 200 variétés de fromages.

français », comme l'a montré Jacques de Larosière dans un livre lumineux, *40 ans d'égarements économiques, quelques idées pour en sortir*[1], qui a été accueilli par un silence assourdissant. Ce que dit l'ancien patron du FMI est pourtant imparable. Ainsi, en 1975, notre pays caracolait au cinquième rang mondial pour le niveau de vie par habitant ; aujourd'hui, il est tombé au 26e rang. Il est vrai que sa richesse nationale a progressé moins vite que la moyenne des pays de l'OCDE. Et la dégringolade n'est pas finie. Le commerce extérieur étant depuis quinze ans en déficit chronique, notre croissance ne repose plus que sur notre marché intérieur et la progression délirante des dépenses publiques, les plus importantes du monde par rapport au PIB (autour de 55 %, hors période de Covid). Mais où va tout cet argent, quand on voit l'état des services publics ?

Pour payer ses exponentielles dépenses publiques qui servent surtout à payer les fins de mois et non pas à investir, l'Etat s'est endetté sans cesse davantage et a considérablement augmenté les prélèvements obligatoires (46 % par rapport au PIB, soit dix points de plus que l'Allemagne). D'où la baisse de notre compétitivité, notre déficit commercial, notre désindustrialisation, notre chômage. Résultat : alors que les effectifs de la fonction publique ont progressé, en trente ans, presque deux fois plus vite que ceux de la population active, la France est devenue le pays le plus désindustrialisé d'Europe, avec la Grèce. On aura beau chercher des boucs émissaires à Bruxelles ou ailleurs, ce désastre est la conséquence de notre abdication collective. Et Larosière, qui est tout sauf un affolé du bocal, s'alarme : « Notre société est en danger. »

---

1. Odile Jacob, 2021.

Le spectre de Colombey-les-Deux-Mosquées

Que notre société soit en danger, c'est un constat que partagent beaucoup de Français, et pas seulement sur le plan économique. Ils sentent bien qu'un monde se termine mais ils ne savent pas encore par quoi il sera remplacé. Avec l'étonnante percée d'Eric Zemmour dans les sondages quand il est entré en scène, le débat sur l'immigration s'est imposé. La France peut-elle continuer à la subir au lieu de la contrôler ? Au rythme des flux actuels, le pays n'est-il pas en voie de déstabilisation, à l'école ou ailleurs ? Son identité même n'est-elle pas menacée ?

Autant de sujets tabous que le général de Gaulle abordait sans complexe pendant la guerre d'Algérie, redoutant devant son mémorialiste Alain Peyrefitte, le 5 mars 1959, qu'avec la démographie algérienne, Colombey-les-Deux-Eglises ne finisse par s'appeler un jour Colombey-les-Deux-Mosquées : « Vous croyez que le corps français peut absorber dix millions de musulmans qui demain seront vingt millions et après-demain quarante ? »

Les médias et une partie de la classe politique ont beau se tortiller pour expliquer que l'immigration est sous contrôle, voire en baisse sensible, les Français, dans leur grande majorité, ne les croient pas. L'INSEE a au demeurant porté une coup fatal à tous les traficoteurs de statistiques en dévoilant, l'an dernier, que la part de l'immigration récente dans l'accroissement de la démographie française était passée de 26 % en 2006 à 44 % en 2017 !

La loi n'est même pas appliquée. Ainsi, les 90 000 « demandeurs d'asile » qui viennent en France chaque année resteront sur son sol, même quand le statut leur est refusé et qu'ils sont invités à partir. Sur cette question comme sur beaucoup d'autres, ce laisser-aller général explique l'état d'esprit qui prévaut dans le pays et qui rappelle celui de la fin de la IVe République : un effondrement moral, un abaissement général.

L'idéologie post-moderne, devenue la doxa officielle, n'arrange rien, d'autant que Macron est ambigu ou ambivalent sur le sujet. Il est trop intelligent pour céder à l'effarante vague wokiste, racialiste, indigéniste et décoloniale, en provenance des universités américaines. Mais il est assez cynique pour jouer avec, afin de complaire à la gauche post-moderne : par exemple, quand il évoque la nécessité de « déconstruire » l'Histoire ou quand, sur la guerre d'Algérie, il a parfois semblé reprendre le récit officiel des islamo-marxistes, par ailleurs corrompus, de la mafia du FLN qui, depuis 1962, n'a cessé de détourner l'argent du pétrole et du gaz. Si l'Algérie va si mal aujourd'hui, soixante ans après l'indépendance, qui peut croire que c'est la faute des Français ?

Puisse le prochain président ou la future présidente savoir, comme disait Mitterrand, donner du temps au temps ou prendre du recul comme le faisait de Gaulle, pour mieux surprendre ou agir vite. S'il s'astreint à un certain détachement et n'oublie pas d'ouvrir souvent des ouvrages historiques, il ne commettra pas les erreurs de jeunesse de Macron qui a, il est vrai, des excuses. Désormais, avec l'américanisation de la vie politique française, consacrée notamment par la réduction du mandat présidentiel de sept à cinq ans en 2000, le chef de l'Etat est quasiment en campagne électorale permanente. L'évolution du monde l'oblige à être hyper-connecté sinon fébrile, agité.

Mais plutôt que réformer encore la Constitution, n'est-il

pas temps de changer la pratique en re-gaullisant la fonction ? Le 6 octobre 1966, de Gaulle répondait au président malgache Tsiranana qui lui demandait comment il tenait le coup : « D'abord, je n'ai pas le téléphone. Je n'ai plus le téléphone depuis 1940, je ne m'en sers que lorsque je ne peux pas faire autrement. Ensuite, j'ai un horaire extrêmement précis ; je ne vois que des gens que je dois voir et je n'accepte personne en dehors des audiences qui sont prévues. Enfin, à huit heures moins dix le soir, je m'en vais et personne, vous entendez bien, personne ne peut me déranger ; sauf s'il y a la guerre ou des événements d'une importance considérable… Et puis, dites-vous que j'ai un Premier ministre en qui j'ai toute confiance, j'ai des ministres, j'ai des collaborateurs. Bien entendu, je donne l'impulsion à la politique, mais l'exécution n'est pas de mon fait. »

De Gaulle invitait sans cesse à prendre de la hauteur, la position « généralement la moins encombrée ». Rien ne sera possible tant que ses successeurs ne s'inspireront pas de son exemple pour sortir enfin de leur bougeotte aboulique de « bourdons sur la vitre ».

1.

MACRON VA-T-IL REUSSIR A SE REINVENTER ?

Macron sera-t-il battu ?

Sommes-nous en 1870, en 1940 ou en 1958 ? Ces temps-ci, sous Emmanuel Macron, il règne en France le même climat délétère que dans *L'Etrange Défaite,* le livre de Marc Bloch sur le grand effondrement français au début de la Seconde Guerre mondiale. A ceci près : cette fois, les élites décadentes ne sont pas des vieillards décrépits mais des jouvenceaux, parfois à peine pubères, aussi coupés du peuple que leurs ancêtres.

Macron n'est qu'un chaînon. Loin de nous l idée absurde de faire du président le seul et unique responsable de l'actuel affaissement français. Après que toutes les bonnes fées de la politique se furent penchées sur son berceau, il s'est retrouvé, Gros-Jean comme devant, à gérer toute une série d'avanies, de calamités. Une excuse dont il ne pourra pas se prévaloir pendant la campagne présidentielle, sur le point de commencer. Les peuples ont tôt fait de se détourner des dirigeants qui ont la scoumoune.

S'il ne se ressaisit pas vite, Macron court un risque

plus que sérieux d'être battu en 2022 : pour l'heure, rien ne semble en mesure d'arrêter l'inexorable montée de la marée Marine Le Pen, que gonflent à jet continu les mauvaises nouvelles (féminicides, meurtres de policiers, émeutes à Fréjus, etc.). Au-dessus de ce maelström, le pouvoir cahote comme un bateau ivre.

Faire taire les chaînes d'info : voilà ce que proposent sans rire les bons esprits de la bien-pensance, qui n'hésiteront sans doute pas à demander bientôt l'interdiction de la presse, sous prétexte qu'il faut, comme aurait dit Tartuffe, cacher cette actualité qu'on ne saurait voir. Preuve qu'après avoir mis à mal les piliers de la République, comme la justice et l'école, la désagrégation de la société, à l'œuvre depuis des décennies, s'attaque maintenant aux cerveaux !

LR : parti dont tous les chefs (ou presque) sont... en dehors. Pas banal. Après Valérie Pécresse et Xavier Bertrand, Christian Estrosi, qui vient à son tour de démissionner des Républicains, exprime un sentiment général quand il déclare à *Nice-Matin* que « les partis politiques font vomir les électeurs ». Le spectacle de la politicaillerie leur donne envie de rendre tripes et boyaux, surtout quand les amateurs s'en mêlent, comme en Paca ou dans les Hauts-de-France, deux places fortes du Rassemblement national.

Macron est hanté à juste titre par la perspective d'arriver troisième au premier tour de la présidentielle, derrière Marine Le Pen et le candidat de LR. D'où son obsession de casser la droite et de faire battre Bertrand dans les Hauts-de-France, une mission assignée à Eric Dupond-Moretti, transformé malgré lui en allié objectif du RN. Voilà bien une façon macronienne de faire gribouille :

si la manœuvre réussissait, elle ouvrirait un boulevard à Valérie Pécresse, autre présidentiable de la droite, quasi assurée d'être réélue à la tête de la région Ile-de-France. Et la victoire lepéniste serait imputée, en boomerang, à Jupitérion.

Un président n'a-t-il pas mieux à faire qu'à préparer les prochaines régionales alors que, en homme d'Etat, il devrait se préoccuper des prochaines générations, quand tout va à vau-l'eau et que la maison commence à brûler, sur fond d'inversion des valeurs, des repères ? Certes, ce diagnostic-catastrophe a souvent été posé depuis le XIXe siècle et, cent cinquante ans plus tard, la France tient toujours debout, si l'on peut dire. Mais qui peut nier qu'elle va mal ?

Il est urgent que Macron et ses futurs adversaires s'élèvent un peu et abordent enfin les défis qui se posent à la France, au lieu de commenter sans arrêt l'actualité du jour en s'égosillant comme des poulets à l'instant fatal : « On ne cédera pas ! » Sans doute seraient-ils tous bien inspirés d'étudier la proposition hardie de Michel Barnier, autre présidentiable de la droite, modéré s'il en est : un moratoire sur l'immigration de trois à cinq ans. Le temps de se poser et de repenser la France.

De nos jours, la lecture est considérée comme une perte de temps, y compris par nos dirigeants, qui, comme le président, pensent qu'il n'y a pas de culture française. Les éclaireraient pourtant une foultitude de livres passionnants. Parmi eux, *Le Rêve de l'assimilation*[1], essai historique magistral : le très jeune Raphaël Doan, un nom à retenir, défend l'assimilation à la française, qui est très

1. Editions Passés/Composés, 2021.

attaquée – par Macron notamment – et qui, selon lui, s'impose. Dans son très revigorant *On a cassé la République*[1], l'historien Pierre Vermeren nous invite à refonder, entre autres, notre roman national et l'école, qu'a déjà fait bouger Jean-Michel Blanquer, merci à lui. A cela, il faut ajouter d'autres enjeux encore : l'immigration, la réindustrialisation ou le désendettement.

Alors qu'elle était à terre, la France s'est redressée, en 1875, en 1946 et en 1959. Encore avait-elle su s'emparer des vrais problèmes. Chiche ?

Le 13 mai 2021

Macron, roi des mille-pattes

De Camus Sartre disait : « Il n'est ni à droite ni à gauche. Il est en l'air. » La formule sied à Macron à ceci près qu'en fait d'air il s'agit pour lui d'un lit de roses perché sur un nuage, au septième ciel.

C'est l'ubiquité faite homme. Insaisissable, il est partout en même temps, à Rome, à Pékin, Dieu sait où. Avec ça, libéral, social-démocrate, européen, souverainiste, président des riches, des classes moyennes, voire... des pauvres !

Le tour de l'opposition viendra, bien sûr. En attendant qu'elle ressuscite en trouvant un angle d'attaque, l'état de grâce du président traîne en longueur et elle commence

1. Tallandier, 2020.

à déprimer comme la pauvre vache qui regarde passer le wagon où meugle son veau en route pour l'abattoir.

Si Macron, roi des mille-pattes, donne l'impression de se débrouiller comme un chef, qu'il nous soit permis d'avancer qu'à notre humble avis il n'a rien inventé. Présent sur tous les terrains ou presque, il pratique l'art de la triangulation mis naguère en œuvre par Clinton, le phénix américain, ou par Blair, l'ancien Premier ministre travailliste de Grande-Bretagne.

Bill Clinton est revenu, avec le même sourire conquérant. Il s'appelle Emmanuel Macron. Lors de l'élection présidentielle américaine de 1992, son charme personnel avait permis au premier de battre, à la surprise générale, le sortant républicain, George Bush père, handicapé, il est vrai, par la présence d'un troisième candidat, le milliardaire texan conservateur Ross Perot, qui obtint 19 % des suffrages.

Macron est un copié-collé ou un pur plagiat, si vous préférez : innombrables sont ses similitudes avec Clinton. Elu gouverneur démocrate de l'Arkansas à 32 ans, l'Américain fut battu deux ans plus tard et tira aussitôt les leçons de son échec en se recentrant et en se rapprochant des chefs d'entreprise. Il devint alors l'une des incarnations des nouveaux démocrates. Un courant qui, à l'intérieur du parti dont l'emblème est l'âne, animal persévérant, plaidait pour une politique plus libérale et, notamment, une réforme de l'Etat-providence, au grand dam des vieux barons.

Etait-il de gauche ? De droite ? Du centre ? Bill Clinton était tout cela à la fois. Après un premier mandat foireux, il appela auprès de lui Dick Morris, un ex-républicain qui le conseillait du temps de l'Arkansas, pour préparer sa réélection. C'est ce communicant qui conçut et appliqua – avec succès – la fameuse théorie de la triangulation, qui consistait à occuper simultanément tout le spectre de la politique américaine. Pour couper l'oxygène et clouer le bec de tous ses ennemis potentiels, le mari de Hillary, un équilibriste de génie, a fait alternativement ou en même temps la politique des uns et des autres. Sa vista a fait le reste.

Il faut être de gauche pour pouvoir gouverner tranquillement à droite, même si l'inverse n'est pas vrai. Par nature, les politiciens cherchent toujours à élargir leur base et à récupérer dans le camp d'en face des ralliés de la onzième heure, attirés par le fumet de la bonne soupe. C'est ce qu'ont fait en leur temps Mitterrand ou Sarkozy. Mais ça ne leur a rien rapporté : l'ouverture n'est pas la triangulation. Nuance. Cette dernière ne relève pas seulement du débauchage ou de la basse tactique électorale. Elle consiste à changer les lignes.

L'art de la triangulation est un coup de pied dans la fourmilière qui a pour objet de renouveler complètement l'offre politique. Il s'agit, comme le disait Dick Morris, le stratège de Clinton, de « prendre le meilleur du programme de chaque parti », de s'élever au-dessus des conflits entre la droite et la gauche pour accéder à une troisième voie, au sommet du triangle, loin des petits jeux politiciens du marigot national.

C'est ainsi que Bill Clinton et Tony Blair, picoreurs d'idées pas bégueules, ont fini par embrouiller leur monde, apparaissant comme les enfants prodiges des deux « monuments historiques » dont les ombres portées ne s'étaient pas encore dissipées dans leur pays respectif : Ronald Reagan pour le premier, Margaret Thatcher pour le second. Consensuels et imprévisibles, ces vrais-faux héritiers dépassaient la gauche qu'ils étaient censés incarner et bénéficiaient chacun d'une popularité insolente.

Macron-le-triangulateur prend le même chemin. Depuis son élection, le président a tout fait pour garder les deux bouts de l'omelette et le reste, en asséchant la droite, la gauche, le centre, à force de lancer des réformes qui satisfaisaient les uns sans mécontenter les autres. Quand viendra le grain de sable qui enraiera la machine ? Bien assez vite. L'un de nos grands écrivains notait, farceur, dans son superbe « Journal », en 1908 : « Il y a des moments où tout réussit. Il ne faut pas s'effrayer : ça passe » (Jules Renard).

Le 18 janvier 2018

Macron et la grande faute du « mâle blanc »

Le « mâle blanc » est-il en passe de devenir l'ennemi public numéro un ? M. Macron, qui ne l'a pas à la bonne, ne perd jamais une occasion de fustiger le croquemitaine de la bien-pensance : dominateur et sûr de lui, le « mâle blanc » refuserait en effet de lâcher le bout de gras, il prendrait trop de place, il faudrait lui faire rendre gorge.

Pour un peu, il serait l'enfant de Harvey Weinstein et de Donald Trump, les deux en un. Apparemment, il est devenu l'obsession de M. Macron. Il y a peu, dans un discours sur l'intelligence artificielle, le président regrettait que les acteurs du secteur fussent des « mâles blancs quadragénaires ». L'autre mardi, retoquant le rapport Borloo sur les banlieues, il mettait en question la compétence sur le sujet de « mâles blancs ne vivant pas dans ces quartiers ». Allez, ouste, du balai, les machos caucasiens !

Sur le papier, M. Macron n'a pas tort, loin de là : le « mâle blanc » n'est pas « partageux », monopolise le pouvoir, freine la montée de nouvelles générations socialement défavorisées : en France, les « élites » ont tendance à se reproduire à l'identique à cause d'un système éducatif qui fabrique des inégalités au nom de l'égalité. C'est pourquoi, soit dit en passant, il faut applaudir aux réformes de Jean-Michel Blanquer qui, contrairement à tant de ses prédécesseurs, n'a pas la tête à l'envers.

Qu'est-ce qui gêne, alors, dans cette stigmatisation présidentielle qui, à l'évidence, part d'un bon sentiment ? D'abord, on ne fait pas de bonne politique avec des bons sentiments, même si, sur ce plan, M. Macron ne lésine pas. Ensuite, au lieu de promouvoir la diversité et la jeunesse des banlieues, comme le faisaient MM. Chirac et Hollande, l'actuel président a pris, là encore, le contre-pied de son prédécesseur, et c'est dommage : toujours dans le négatif et non dans le positif, il jette l'opprobre sur la caste blanche qui dominerait l'Etat. Au lieu de prendre de la hauteur, il la stigmatise.

Sommes-nous vraiment l'Afrique d'avant Mandela ? Avec ce type de discours démagogique, M. Macron ne rassemble pas, il divise et donne du crédit à tous ceux qui croient que notre Etat est ségrégationniste, voire raciste. Ressemblant à un politicien de *Soumission*, le roman d'anticipation de Michel Houellebecq, il met des pièces dans le juke-box de la « haine de soi », la grande ritournelle française. Plus grave, il donne des gages à tous ceux qui, comme les Indigènes de la République ou les islamo-gauchistes, vomissent le vivre-ensemble à la française, fondé sur la liberté, l'égalité et la laïcité.

Pourquoi cette complaisance idéologique envers les ennemis de la République ? De tous les présidents de la Vᵉ, M. Macron est à coup sûr le plus ouvert au communautarisme à l'anglo-saxonne où chaque culture continue à vivre sa vie sans avoir à s'intégrer dans le grand moule national. Même si ce n'est pas l'enfer que l'on dit, loin de là, force est de constater que le modèle multiculturel ne correspond pas à notre tradition. Mais il a de plus en plus d'émules, notamment dans « les quartiers », comme on dit en langage bobo. C'est pourquoi on peut craindre que la dénonciation systématique du « mâle blanc » par le chef de l'Etat ne soit le fruit de petits calculs électoraux.

Le politicien refait toujours, jusqu'à sa mort, ce qui lui a réussi une fois : c'est une vieille règle historique. Pendant la campagne présidentielle de 2017, dans le cadre de son OPA sur l'électorat immigré, M. Macron avait envoyé nombre de messages positifs aux tenants du multiculturalisme. Par exemple en dénonçant la colonisation comme un « crime contre l'humanité ». Ou bien en prenant ses distances avec une certaine laïcité considérée comme intrusive par les grandes religions. S'il s'agissait là d'une vraie conviction, elle tombait à pic électoralement en inscrivant le président dans le sens de l'Histoire contemporaine.

Un président ne devrait pas dire ça, pour reprendre un titre célèbre : les effets de la logomachie du « mâle blanc » peuvent être, à plus ou moins long terme, dévastateurs pour

M. Macron. Certes, elle lui attire les bonnes grâces des islamo-gauchistes, très présents dans les médias parisiens, mais ça n'aura qu'un temps. Elle met aussi du vent dans les voiles de ses adversaires à droite ou à l'extrême droite. Elle légitime le souverainisme, le repli sur soi, la phobie de la mondialisation, l'exécration de l'autre. Quand le feu couve, il est toujours dangereux de jouer avec les allumettes.

L'erreur de jeunesse est comme la jeunesse elle-même : elle passe. Attendons maintenant que M. Macron vieillisse pour devenir un homme sage occupé dans la dernière partie de sa vie à se guérir, comme disait Spinoza, des « folies, préjugés et fausses opinions qu'il avait contractés dans la première ».

Le 31 mai 2018

Macron : son problème, c'est lui

Est-ce déjà le commencement de la fin après plus d'un an de présidence ? Trop courtes sont les analyses sur la chute de popularité de Macron. Ce qui est en question, à l'évidence, c'est moins sa politique que sa personnalité.

Sinon, la CGT l'aurait emporté haut la main sur la réforme de la SNCF au lieu de boire le bouillon une fois de plus. Sinon, les manifestations du printemps n'auraient pas été aussi squelettiques. Sinon, il n'y aurait pas chaque fois un certain consensus sur ses réformes qui, pour l'heure, restent assez modestes.

Si les Français admirent sa classe, son intelligence, excusez du peu, ils aiment de moins en moins Macron. Son cas n'est pas sans rappeler celui d'un président battu naguère malgré un bon bilan, et dont tout le monde s'accordait à reconnaître la vivacité d'esprit : VGE. Il y a du Giscard chez Macron. L'arrogance de la modernité. L'insolence du brio, de la comprenette.

Ce n'est pas si grave, diront les *spin doctors*, il suffit de changer de personnage et d'inventer un nouveau Macron « plus proche du peuple. » En démocratie, les premiers de la classe sont rarement populaires longtemps ; ils ont tôt fait de passer pour des têtes à claques parisiennes.

Les Français ne sont pas tous des Parisiens, contrairement à ce que veut nous faire croire le microcosme. La preuve, notre pays a installé à l'Elysée une longue cohorte qui, de Pompidou à Mitterrand, de Chirac à Hollande, apportait à Paris, collée aux semelles de ses chaussures, la glaise auvergnate, corrézienne, charentaise. Sans parler des odeurs de foin, de fumier, de foire agricole. Nous étions loin de l'hygiénisme high-tech qui prévaut aujourd'hui.

« La politique, c'est comme l'andouillette, ça doit sentir un peu la merde, mais pas trop. » Elève Macron, vous recopierez ça cent fois. C'est ce que disait le Lyonnais Edouard Herriot, grande figure du radicalisme de la IIIe République, fin lettré, par ailleurs académicien. Un propos génial, toujours vrai dans beaucoup de disciplines. Une leçon de modestie.

Les peuples n'aiment pas la perfection, le nickel-chrome. A propos de Giscard, un excellent écrivain oublié qui ne l'aimait pas observait drôlement : « On a tout dit, sauf qu'il était physiquement trop propre et croyait qu'il entraînerait la France derrière lui en laissant, dans son élégant sillage, un parfum délicat de savonnette » (Jean Cau). Avis à l'habilleuse de Macron : ses chemises blanches manquent de bugnes, ses cravates de macules.

Les pays adorent les présidents quand ils sont à leur image. D'où l'indestructible popularité aux Etats-Unis de Ronald Reagan ou de Bill Clinton, qui n'ont jamais prétendu remporter des concours d'intelligence mais ont incarné jusqu'à la caricature l'Amérique éternelle. Tout au long de sa carrière, Jacques Chirac, un érudit qui pensait en millénaires et ne s'aimait pas, s'est ingénié à passer pour un inculte, un lourdaud de la France profonde. Avec succès auprès de la presse gogo.

Macron aussi est d'origine provinciale. Qu'attend-il donc pour s'en souvenir et se chiraquiser ? Rien de plus facile et la popularité reviendra dans la foulée, on prend tous les paris, car, pour le reste, ses ennuis actuels relèvent, à une exception près, de la roupie de sansonnet. Récapitulons.

1) La démission de Nicolas Hulot est un épiphénomène. Pour qu'elle soit le drame que l'on dit, il eût fallu qu'il fût ministre, pardon, un vrai, un grand ministre. Il n'aura été qu'un zombie qui, au premier conflit, passait sous la table.

2) Les petites phrases provocatrices que le président égrène au fil de ses voyages à l'étranger tintinnabulent quelques jours comme des casseroles et puis s'oublient. Les « bons mots » n'ont jamais fait de mal à leurs auteurs. Sinon, Churchill, Mozart de la formule, n'aurait pas fait carrière. Leurs écarts de langage n'ont jamais tué non plus Trump ni Sarkozy.

3) La montée des critiques contre sa « politique économique droitière » qui ne profiterait qu'aux « riches ». C'est ce que prétendent nos chers confrères à propos de tous

les présidents, même quand, comme François Hollande, ils sont de gauche. Contre l'évidence, les médias français ont la berlue, qui s'obstinent à dénoncer les méfaits du libéralisme en France alors qu'avec 57 % de dépenses publiques par rapport au PIB nous sommes plus proches, police politique mise à part, d'un modèle communiste.

4) La pitoyable affaire Benalla, l'ancien garde du corps du président qui allait casser du manifestant pendant ses heures de travail, a montré un certain amateurisme à l'œuvre au plus haut niveau de l'Etat-Macron mais elle a fini par se retourner contre la presse qui, faisant preuve d'une hystérie grotesque, avait cru trouver là un scandale du niveau de l'incendie du Reichstag.

Si Macron est aujourd'hui plus impopulaire que Hollande à la même période de son mandat, c'est aussi parce qu'il n'a pas de résultats sur la croissance, l'emploi, etc. Les hirondelles aussi sont en grève…

Le 6 septembre 2018

Un stagiaire nommé Macron

Le quinquennat de M. Macron est-il entré dans sa phase crépusculaire, avant l'extinction des feux ? On est en droit de se le demander quand apparaissent tant de doutes, de défections, sur fond d'impopularité galopante.

A priori, le président avait tout : la jeunesse, l'intelligence, la modernité. Autant de qualités qui, pour un peu, passeraient aujourd'hui pour du toc. A l'école du malheur politique, M. Macron devrait bientôt remporter le prix d'excellence.

L'immobilisme est en marche, rien ne l'arrêtera, comme disait l'autre. Il y a quelque chose de pathétique à voir le chef de l'Etat sauter comme un cabri sur son fauteuil en répétant le mot « réforme », vocable creux, vidé de sa substance par des générations de politiciens sans vergogne.

« Chacun de nous quitte la vie avec le sentiment qu'il vient à peine de naître », disait Epicure. Même chose pour les présidents, qui font l'un des pires métiers du monde : sitôt entamés, leurs mandats sont déjà terminés. Observez M. Macron. Il a beau gigoter en tous sens, il a les pieds dans le ciment et le ciment est sec.

C'était M. Juppé qui avait raison, on ne le répétera jamais assez, quand, pendant la campagne présidentielle de 2017, instruit par l'expérience, il avait annoncé qu'il ferait voter vitement toutes les réformes en bloc, par ordonnances, et qu'ensuite son gouvernement publierait les décrets d'application.

Telle était la meilleure manière d'échapper à la « tyrannie du statu quo » qui, après ces fameux « cent jours » où un gouvernement peut réformer, finit toujours par reprendre le dessus. Un nouveau pouvoir doit savoir profiter de l'état de sidération qui frappe systématiquement ses opposants après sa victoire. Au bout de trois mois, ils parviennent à se réorganiser avant de faire un rempart de leurs corps contre le moindre changement.

C'est une évidence que peu de politiciens ont apprise. Dans un livre lumineux[1], le Prix Nobel d'économie Mil-

---

1. *La Tyrannie du statu quo*, Lattès, 1984.

ton Friedman, esprit libéral-libertaire, a démontré que les grands « réformateurs » du XXe siècle, pour le meilleur ou pour le pire, avaient tous légiféré dans l'urgence, à la hussarde : Roosevelt, Reagan, Mitterrand, Thatcher.

Flamberge au vent, menton jupitérien, sûr comme Louis XV d'être adoré par le peuple français, M. Macron prétendait, le naïf, réinventer la politique. C'est pourtant ce qu'elle fait à intervalles réguliers ; elle ne l'avait pas attendu pour ça. Elle retombe ensuite dans les mêmes routines, les mêmes ornières. A la fin, la loyauté prime sur la compétence, tandis que s'accumulent les faits du prince, les nominations de complaisance, au consulat de Los Angeles ou ailleurs.

M. Macron peut-il remonter la pente au pied de laquelle il se trouve, Gros-Jean comme devant ? La claque de ses soutiens nous dira qu'il a été élu pour cinq ans, qu'il n'a personne en face de lui et qu'il dispose d'une solide majorité à l'Assemblée nationale. Soit. Autant d'éléments qui, si les Français continuent à le prendre en grippe, lui feront une belle jambe.

Pour reconquérir l'opinion, il lui faudra faire preuve d'humanité, de courage, d'une capacité d'écoute qui lui a fait défaut jusqu'à présent. « Nous avons manqué d'humilité », a dit M. Collomb, jusqu'alors homme fort du régime. A juste titre. S'il a prévu de quitter le gouvernement pour retourner à Lyon, on a compris que c'est parce qu'il a été déçu par le chef de l'Etat, son narcissisme chatouilleux, son exercice solitaire du pouvoir.

L'égotisme mène à tout à condition d'en sortir. M. Macron ne supporte pas la contradiction. Il n'est même pas sûr qu'il supporte l'approbation. Il va maintenant lui falloir apprendre à en rabattre et tirer les leçons de son début de règne.

Quelles leçons ? D'abord, on ne gouverne pas la France comme une start-up. Notre cher et vieux pays aime la compassion, l'empathie, l'art de donner du temps au temps. Il déteste l'arrogance, l'esprit de supériorité, la com pour la com, la violence souriante de certains « premiers de cordée ». C'est pourquoi le président doit changer de style et nous inventer un « nouveau Macron ».

Ensuite, on ne refait pas la France. Elle est le produit d'une Histoire qui nous dépasse. Certes, le président a tenté, ces derniers temps, de réconcilier les Français avec leur passé à travers cent petits gestes, concernant, par exemple, les harkis. Citadin, M. Macron ne peut cependant pas continuer à faire l'impasse sur la ruralité, les bourgs, les retraités, les classes moyennes, les régions enclavées, qui font notre âme.

Enfin, quand on veut tout faire soi-même, on ne fait plus rien. La règle numéro un du management consiste à déléguer, à faire confiance. Le pouvoir, ça s'apprend. Avant d'arriver à l'Elysée, M. Macron n'avait jamais rien dirigé, ni une mairie, ni une entreprise, ni un conseil régional, à part un faux ministère qui était comme une coquille vide encastrée dans la citadelle de Bercy. Aujourd'hui, de toute évidence, il est encore en stage. Pourvu que ça se termine vite ! Et qu'il décroche son CDI !

Le 27 septembre 2018

Quand Macron se trumpisera…

L'humanité est au creux d'un carrefour vers lequel dévalent plusieurs camions fous dont les freins ont lâché : l'islamisme, le populisme, l'hystérisation des démocraties, l'amazonisme, du nom de la firme Amazon, destructrice d'emplois, de commerces, d'échanges, en somme d'humanité. Sans parler de la déculturation, qui, partout, ne cesse de faire des progrès.

De tous ces maux l'hystérie n'est pas le moins dangereux. Depuis l'élection de Donald Trump, qui a récolté ce qu'il a semé, elle est à l'œuvre aux Etats-Unis, passés du psychodrame à la démence pure. Telle est la leçon de l'hallucinante affaire Brett Kavanaugh, nouveau juge de la Cour suprême désigné par le Sénat, accusé, entre autres, d'une agression sexuelle par une ancienne camarade de lycée, en 1982, quand il avait 17 ans et elle 15.

Accusé, donc coupable. Aux Etats-Unis comme en France, il n'y a plus de présomption d'innocence. Surtout quand on est ultraconservateur ou même un peu de droite. De grands journaux comme le *New York Times* ou le *Washington Post*, qui étaient l'honneur de la presse américaine, se sont soudain transformés en torchons en menant une campagne indigne, frénétique, contre Brett Kavanaugh, certes pas très sympathique, sans apporter le moindre début de preuve. Pas question de donner la parole à la défense, c'eût été une perte de temps. A l'évidence, nous sommes retombés en 1793, au temps de la Terreur.

Au secours, Robespierre est revenu ! Dans la plupart des démocraties, le système médiatique, de plus en plus déconnecté, prétend remplacer le peuple, s'ériger en juge et envoyer à l'échafaud tous ceux qu'il n'aime pas. Observez comme la presse bien-pensante (et dominante) délaisse l'enquête, se contentant désormais d'établir pour son tribunal personnel des listes de « bons » et de « méchants ». Ce faisant, elle s'est mise à l'unisson de Trump, qu'elle prétend combattre mais qu'elle ne cesse de conforter dans l'opinion en l'attaquant sans relâche, avec une vulgarité et une mauvaise foi dont il n'est lui-même pas avare.

Que voulez-vous, il faut donner sa ration de sang à la guillotine médiatique. Lancée par Robespierre, la loi du 22 prairial an II permettait d'accélérer le rythme des condamnations à mort en supprimant les droits des accusés, qu'elle privait d'avocats. Pour les raccourcir, le tribunal pouvait même se contenter de preuves « morales », c'est-à-dire non matérielles, de ragots en quelque sorte. Même si l'échafaud a été supprimé, ce système est toujours en vigueur. Aux Etats-Unis comme en France, le duo infernal juge-journaliste dézingue sans cesse tout ce qui bouge, en tout cas à droite. Il ne le fait pas exprès. Il est hémiplégique.

Le tour d'Emmanuel Macron est-il arrivé ? Il est en voie de trumpisation, si l'on en juge par le traitement à la paille de fer que lui réservent depuis plusieurs semaines des médias passés avec lui à la troisième phase des trois L (lèche, lâche, lynche). Il lui arrive finalement ce qui s'est produit avec ses prédécesseurs, en particulier son mentor honni, François Hollande, qui l'avait couvé puis lancé dans l'arène. C'était bien la peine de se gausser du « président normal » et de se présenter en nouveau Jupiter. Le peuple français n'est pas plus sensible aux charmes de la modestie hollandaise qu'à ceux de l'hubris macronienne. Quand il a l'une, il veut l'autre et inversement. Dans tous les cas, le chef de l'Etat sera le bouc émissaire de la nation. C'est sa fonction.

Enfant du monde d'après, Macron se comporte aujourd'hui comme un politicien du monde d'avant, survolté, courant en tous sens, convaincu que la politique peut encore faire rêver. Il ne reprendra pas la main avec des recettes éculées comme un remaniement, une ouverture tous azimuts, une grande interview télévisée avec le premier idiot utile venu. Pour tenir face aux assauts à venir, il lui faudra se poser, s'humaniser et répondre pied à pied, comme Trump, à des médias de plus en plus agressifs. Sinon, il se fera manger vivant.

Comment le président en est-il arrivé là ? Il a certes commis des erreurs, des extravagances. Mais il est la dernière victime d'un phénomène qui n'épargne quasiment personne dans le monde. Le Girondin Pierre Victurnien Vergniaud, héros méconnu de la Révolution et grand ennemi de Robespierre, avait déclaré devant le tribunal qui allait le condamner à la guillotine : « La Révolution est comme Saturne, elle dévore ses propres enfants. » C'est plus que jamais aussi le cas de la démocratie, ce système étrange, rongé par l'immédiateté, où les gouvernants meurent le soir et ressuscitent le lendemain.

Le 11 octobre 2018

L'élève Macron contre les pertes de mémoire

S'il est un art où Emmanuel Macron excelle, c'est celui de la commémoration. Comme René Coty ou Raymond Poincaré jadis, notre président est devenu un pilier de mausolée, un astiqueur de plaques anniversaires. Avec des airs de clone de Bern, Decaux, Castelot.

Sa reconversion professionnelle ne fait aucun doute : Macron sera un jour guide-conférencier dans un monument historique. Ne le confondons pas pour autant avec les inaugurateurs de chrysanthèmes, renifleurs de catacombes, des IIIe et IVe Républiques. Depuis de Gaulle, les présidents de la Ve ont toujours eu un rapport particulier avec l'Histoire. Ils la portent. Parfois, ils réussissent même à l'incarner.

Un pays qui n'aime pas l'Histoire ne se respecte pas et finit par perdre ses repères. Il n'est donc que temps de la remettre à l'honneur, et pas seulement à l'école. C'est pourquoi on a tort de se gausser du président quand il se penche sur notre passé collectif. Ne réduisons pas non plus son activisme historique à l'unique volonté de se refaire une santé sondagière, électorale. Même si c'est rare, il arrive que les politiciens soient sincères.

En souvenir du centenaire de la fin de la Première Guerre mondiale, Macron a entrepris cette semaine, avec des étapes dans onze départements, une « itinérance mémorielle », pardonnez ce vocabulaire cucul façon « Précieuses ridicules », mais c'est le langage officiel du palais de l'Elysée. Le tout culminera ce dimanche sous l'Arc de triomphe où le chef de l'Etat ravivera la flamme du Soldat inconnu devant une centaine de dirigeants étrangers, excusez du peu. Comment ne pas se féliciter de cette initiative ?

L'inculture historique et la crise des migrants sont les deux mamelles de la baisse du sentiment européen, rongé par les nationalismes, sur fond de mélancolie existentielle. N'avons-nous pas encore des choses à dire au monde ? L'Europe est dans les basses eaux parce qu'elle a perdu le fil en acceptant de crouler sous les lois, les directives, au lieu de se consacrer à l'essentiel qui nous transcende et que résument si bien les prophéties lyriques de Victor Hugo. Ecoutons Hugo au Congrès international de la paix, en 1849 : « Un jour viendra où vous France, vous Russie, vous Italie, vous Angleterre, vous Allemagne, vous toutes, nations du continent, sans perdre vos qualités distinctes et votre glorieuse individualité, vous vous fondrez étroitement dans une unité supérieure, et vous constituerez la fraternité européenne, absolument comme la Normandie, la Bretagne, la Bourgogne, la Lorraine, l'Alsace, toutes nos provinces, se sont fondues dans la France (...). Un jour viendra où l'on montrera un canon dans les musées comme on y montre aujourd'hui un instrument de torture, en s'étonnant que cela ait pu être ! »

Nous autres Européens, nous foulons aux pieds les innombrables couches des charniers formés par les cadavres de nos ancêtres morts au champ d'honneur. Ça devrait nous mettre du plomb dans la tête, si j'ose dire. Amnésiques, nous avons mis longtemps à tirer les leçons de nos boucheries à répétition. Souvenons-nous : « Fraîche et joyeuse » devait être la Première Guerre mondiale, qui a commencé par un incroyable enchaînement de causes à effets, dans une hystérie collective.

Avant de finir dans la gadoue des tranchées, la guerre a commencé en 1914 avec de grandes manifestations de joie en Allemagne ou en France où les « élites » pousse-au-crime incarnées par des écrivains nationalistes comme Maurice Barrès, « rossignol du carnage » et roi des raseurs, l'appelaient de leurs vœux avec une jouissance fébrile, mortifère. Celui-là aurait mieux fait de se relire : « Il ne faut jamais s'attaquer à ceux qu'on n'est pas sûr d'achever. »

Aussi évitable que stupide, absurde que destructrice, la Première Guerre mondiale, si bien racontée par l'immense Maurice Genevoix[1], nouvel « élu » au Panthéon, a fait près de 19 millions de morts, presque autant de civils que de militaires. Sur les champs de bataille, la France perdit 27 % des 18-27 ans. Des saignées terribles pour les principaux belligérants, sans parler de leurs coloniaux, qui décimaient des familles et provoquaient des embouteillages de cercueils dans les gares, comme on peut le lire dans *Ma vie parmi les ombres*, somptueux roman de Richard Millet qui couvre cette période[2].

« Plus jamais la guerre », clamaient d'une même voix, en 1918, les nombreux pacifistes français et allemands, avant que leur pays remette ça, onze ans plus tard. Rien ne permet de penser que les politiques mémorielles soient efficientes. Elles peuvent même se retourner contre leurs auteurs. C'est pourquoi on recommandera bien respectueusement la plus extrême prudence à notre guide-conférencier

1. *Ceux de 14*, de Maurice Genevoix, GF, 2018.
2. *Ma vie parmi les ombres*, de Richard Millet, Gallimard, 2005.

quand il lui prend d'agiter le spectre de l'entre-deux-guerres et des années 1930 contre Matteo Salvini, Viktor Orban, Marine Le Pen et leurs épigones. Comme dit un vieux proverbe américain, pour rester crédible, avant de crier au loup, il vaut toujours mieux s'assurer que ce n'est pas un raton laveur.

Le 8 novembre 2018

Le spectre du président boiteux

On a beau être jupitérien, on n'en est pas moins homme. Le trac de M. Macron pendant son allocution de lundi l'a humanisé, bonifié. Où était passée la tête à claques ? Les traits creusés, la bouche sèche, il avait perdu de sa superbe quand il enfila les mea culpa, les annonces sociales, les déclarations d'amour aux Français promus au rang de « souci ».

Gouverner fatigue, pis, escagasse. Surtout quand c'est la France. Tout sauf douce, émeutière et versatile, elle fait désormais peur au président. Tant mieux, car il lui faudra beaucoup de doigté s'il ne veut être emporté par l'une des trois crises françaises, sociétale, sociale et politique, qu'il lui faut affronter.

Si bien accueilli soit-il, un saupoudrage social de 8 à 10 milliards d'euros (chiffrage officiel des mesures) ne pourra suffire à les résoudre.

Sur fond d'incivisme et d'irrespect, la crise sociétale

a battu son plein, deux samedis de suite, à Paris, Marseille, Bordeaux, Avignon, avec des scènes anthologiques de guérilla urbaine, où se sont déchaînées des hordes de minus, de pillards. Troublante aura été la complaisance de politiques ou d'intellectuels qui semblent s'habituer à cette violence « légitime » quand ils ne la célèbrent pas.

Nous sommes tombés bien bas : après le règne de l'enfant-roi, voici celui du casseur-roi. Pour preuve, l'émotion provoquée, la semaine dernière, par l'interpellation de 150 jeunes à Mantes-la-Jolie qui attendaient à genoux, les mains sur la tête, d'être menottés puis embarqués dans des fourgons de police pour leur garde à vue. Fallait-il leur envoyer une cellule de soutien psychologique ?

Les pauvres chats venaient simplement de saccager la ville, de brûler des voitures, mais ça n'a pas empêché Benoît Hamon, Cécile Duflot et d'autres, pleurnicheurs professionnels, génies des carpettes, de pousser de hauts cris d'indignation. Grâces soient rendues à Ségolène Royal, qui a sauvé l'honneur de la classe politique en déclarant avec humour : « Ça ne leur a pas fait de mal, à ces jeunes, de savoir ce qu'est le maintien de l'ordre (...). Ça leur fait un souvenir. »

« Les mécontents, disait Talleyrand, ce sont des pauvres qui réfléchissent. » Ou bien des déclassés. La deuxième crise française est sociale. Elle frappe notamment les classes moyennes inférieures. Laissées-pour-compte de la révolution numérique, en rupture avec la métaphysique du progrès, elles ont déjà porté au pouvoir Donald Trump aux Etats-Unis, Matteo Salvini en Italie, en attendant la suite. Sur leur descente aux enfers tout a été dit, et depuis longtemps, dans les ouvrages prophétiques du géographe Christophe Guilluy ou du sociologue Louis Chauvel.

Criblées de taxes, de dettes, ces classes moyennes inférieures se posent la même question sur la gestion du pays en observant les taux record par rapport au PIB des prélèvements obligatoires (48,4 %), des dépenses publiques (56,4 %), d'endettement de l'Etat (100 %) : « Mais où est passé le pognon ? » Le nouveau pacte évoqué par M. Macron n'ira pas loin s'il est établi sur des fondations vermoulues, rongées par les gaspillages. C'est toute la maison France qui est à reconstruire.

M. Macron sera-t-il la prochaine victime de ce dégagisme qui l'a porté au pouvoir ? S'il ne change rien à son comportement, il n'y a pas de doute. La troisième crise française, qui est politique, peut le balayer à terme. L'ultracentralisation parisienne incarnée par le président et la stupide loi sur le non-cumul des mandats ont coupé toutes les têtes qui dépassaient dans les régions.

Le roi est nu. Ses anciens barons comme MM. Bayrou et Collomb étant retournés dans leur fief, M. Macron s'est trouvé, au comble du conflit, réduit à lui-même, c'est-à-dire à pas grand-chose. Un président ne peut pas diriger seul la France, ça ne s'était jamais vu avant son arrivée à l'Elysée, en 2017. Si, après les annonces et avant les fêtes, le fleuve de la contestation rentre dans son lit, M. Macron n'a pas intérêt à reprendre sa méthode, son logiciel d'avant ; il n'y survivrait pas.

Apparemment, son quinquennat est terminé et M. Macron semble condamné à devenir un président boiteux, comme ses anciens homologues de la IIIe République, avec leurs sourires derrière lesquels il n'y avait que le grand vide dans lequel ils habitaient bien avant de mourir. Il aura beau changer les têtes, donner des gages, faire du social, rien n'y fera.

Que peut faire un gouvernant quand une partie non négligeable du peuple le vomit ? Partir. Mais il y a plusieurs façons de partir : soit pour revenir, soit en restant en place après ce qu'on pourrait appeler une autodestitution au profit, par exemple, d'un anti-Macron fleurant la France profonde, comme M. Larcher qui ferait un excellent Premier ministre de cohabitation douce !

Le 13 décembre 2018

Macron et le syndrome Louis XVI

C'est un spectacle qui vaut bien toutes les séries télé. Chaque samedi, en fin d'après-midi, la France contemple son nombril en direct et ressent, avec des picotements narcissiques, l'impression de faire l'Histoire en regardant manifester et casser du flic, du journaliste, du mobilier urbain.

A croire que notre pays est passé directement de 1789 à 1793 quand la seconde Déclaration des droits de l'homme avait établi que le droit à l'insurrection était « le plus sacré et le plus indispensable des devoirs ». Quant au grand débat national lancé par M. Macron, il rappelle furieusement les cahiers de doléances pour les états généraux convoqués par le roi avant la Révolution française.

Sylvain Fort, qui écrivait là son dernier texte présidentiel avant de s'éclipser, a décidément bien du talent : la « Lettre aux Français » est d'une belle facture. Mais permettra-t-elle à Emmanuel Macron de retrouver le contact avec les Français ? C'est tout le problème du chef de l'Etat, qui a, ces temps-ci, des airs de Louis XVI, monarque impénétrable, incompris, loin du peuple, injustement vomi par beaucoup de ses contemporains.

Contrairement à la légende, Louis XVI était grand, athlétique, compétent, ouvert à la modernité. Mais ses contempteurs n'avaient pas tort quand ils affirmaient que le roi était inapte à gouverner : affligé d'une tendance à la procrastination et d'une réelle faiblesse de caractère, il peinait à prendre des initiatives et avait toujours une calèche de retard. Pour l'instant, entre Macron et lui, la comparaison s'arrête là…

Dieu sait où nous emmène le remake que nous sommes en train de vivre mais, à ce stade, on peut déjà en tirer plusieurs grandes leçons, en dehors de la grave crise qui frappe la France périphérique et la classe moyenne inférieure.

Le démago-dégagisme a fait reculer la démocratie. La politique est un métier qui s'apprend. Plus un politicien est expérimenté, meilleur il sera. C'est une vieille règle historique. Sinon, le bleu fera son stage aux frais du contribuable en tombant dans tous les pièges dressés sous ses pas. Surtout, il se laissera griser par les feux du pouvoir.

Observons les présidents américains. Il n'y a pas photo entre les amateurs comme Carter, Obama, Trump d'un côté, et les professionnels comme Roosevelt, Reagan, Clinton de l'autre. Elu à 39 ans, le nôtre a certes la vista mais encore beaucoup à apprendre. En plus, avec la vague Macron, a déferlé sur l'Assemblée nationale une tripotée d'élus LREM qui, à quelques exceptions près, ont à peu près la même consistance que des zombies hors sol. Il a fallu attendre que Paris brûle pour qu'ils ouvrent les yeux.

Le non-cumul des mandats a lâché la bride à l'étatisme jacobin, ce mal français. Mesure démagogique amenée par la gauche et soutenue par M. Macron, la suppression du député maire, personnage clé de la politique depuis des générations, a désarmé nos provinces. Ses partisans prétendaient qu'elle permettrait d'en finir avec la politique professionnelle, la concentration des pouvoirs. Fadaises !

Dans notre pays ultracentralisé, le député maire était un contre-pouvoir qui portait haut la parole des territoires face à Paris. Nouvelle victoire posthume du jacobinisme contre le girondisme régionaliste, sa suppression a éradiqué les grands élus locaux, garde-fous dont les colères faisaient peur aux gouvernants et qui, souvent, prévenaient des dangers. D'où la surprise du gouvernement devant le mouvement des gilets jaunes, malgré plusieurs alertes, notamment celle, prémonitoire, de Gérard Collomb avant sa démission.

Les médias sont devenus les boucs émissaires de la République. Les lynchages de journalistes dans les manifestations de gilets jaunes sont intolérables, angoissants quant à l'état psychologique du pays, mais ils devraient obliger la presse à s'interroger sur elle-même, ce qui n'est pas, il est vrai, son activité préférée. A tort ou à raison, elle est perçue par la France périphérique comme une supplétive des pouvoirs, ultraparisienne, antipopuliste, rétive au débat, souvent manipulée.

Plutôt que d'enquêter en faisant parler tout le monde sur le mode contradictoire, nous autres journalistes avons trop tendance à pratiquer un journalisme « moral » beaucoup moins fatigant, qui se borne à diviser le monde en « bons » et en « méchants » ou à publier des pseudo-investigations qui consistent à recopier des rapports de police, de justice. Par exemple, un grand journal comme *Le Monde* n'a-t-il pas mieux à faire que d'annoncer, cinq colonnes à la une, qu'il publie en exclusivité le document renvoyant en correctionnelle François Fillon et son épouse pour une affaire d'« emplois fictifs » ? Ce faisant, ne se comporte-t-il pas, une fois de plus, en journal officiel du Parquet national financier, notre nouvelle police politique ?

Le 17 janvier 2019

La haine, sport national français

M. Macron est jeune, intelligent, ficelle, et puis il porte beau. Franchement, comment voulez-vous que les Français l'aiment ? On ne peut quand même pas leur demander l'impossible !

Conscient que les Français aiment les présidents dès lors qu'ils ont beaucoup souffert avant d'être élus, M. Macron en est à nous raconter, en exhibant ses faux stigmates, une histoire improbable de traversée du désert qui, au pire, ne fut que celle d'un bac à sable.

Il aurait fallu y penser avant et faire carrière ailleurs, en Ukraine, par exemple. Qu'il ait réussi si vite en France, à peine sorti de l'enfance, explique en partie cette haine minoritaire mais torride qui, ces temps-ci, jette son vomi sur M. Macron en labourant le pays. Pensez ! Ce sacripant se croit tout permis, une tragédie personnelle lui ferait du bien.

Le philosophe Jean-Paul Sartre, qui fut jadis notre grand haineux national, observait dans un roman barbant comme un matin sans soleil, *Le Diable et le bon Dieu* : « Il suffit qu'un seul homme en haïsse un autre pour que la haine gagne de proche en proche l'humanité entière. » Si la France pouvait produire autant de pétrole que la haine qu'elle crachouille sans discontinuer, elle serait le pays le plus riche du monde.

Ignoble est le nouveau slogan des imbéciles à l'adresse des policiers : « Suicidez-vous ! » N'avons-nous pas touché le fond ? Comment peut-on s'habituer à ça ?

Symbolique aussi fut l'épisode des dons, évalués à 1 milliard d'euros, de plusieurs grandes fortunes – de petites aussi, soit dit en passant – pour retaper la cathédrale Notre-Dame de Paris après l'incendie du 15 avril. Il y a décidément une exception française. Dans quel autre pays un élan de générosité aurait-il pu provoquer une polémique aussi ridicule, aussi lamentable ? Qu'ils donnent ou pas, en France, les « salauds de riches » sont toujours coupables. De tout. Même s'ils rapportent beaucoup d'argent au pays, les entreprises qu'ils possèdent faisant l'essentiel de leurs bénéfices à l'étranger, dans une sorte de délocalisation à l'envers.

En matière sociale, observez comme la haine est toujours mauvaise conseillère. La Révolution, celle de 1789 ou les autres, n'a jamais réussi qu'à appauvrir les riches, pas à enrichir les pauvres, qui furent ensuite les dindons de toutes sortes de farces tragiques, marxistes, communistes ou tiers-mondistes. Qui peut croire que la condition des misérables était pire aux Etats-Unis qu'en Union soviétique au sommet de sa gloire ? Même s'il est peu médiatisé, le drame du Venezuela est là pour nous rappeler quelle crevaison un certain socialisme peut infliger à un pays qui, avec ses réserves pétrolières, devrait figurer depuis longtemps parmi les plus riches et les plus puissants du monde.

D'un ressentiment à l'autre, la France ne risque-t-elle pas un jour de se noyer dans son fiel ? N'est-il pas temps pour elle de se réconcilier avec l'art de la joie ? Dans *Les Origines de la France contemporaine*[1], son chef-d'œuvre, Hippolyte Taine, grand historien, génie du XIXe, coqueluche de Nietzsche, cite un écrivain-voyageur anglais, John Andrews, qui écrit en 1785 : « Etre toujours gai, voilà le propre du Français. »

Ah bon ! Mais que s'est-il passé depuis pour que nous en arrivions là ? Ce serait après la Révolution française que notre caractère national a commencé à tourner ronchon. Voilà en tout cas ce que croit Taine, qui rappelle, non pour s'en réjouir, que, sous les rets de l'Ancien Régime, les « rangs étaient marqués », les ambitions « bornées » et, donc, « l'envie moindre ». Après quoi l'envie s'est libérée et, avec elle, la haine, la jalousie, l'aigreur, la malveillance, le pessimisme, toutes ces passions tristes qu'a identifiées Spinoza et que notre société porte à leur comble.

Telle est l'idiosyncrasie française. Les présidents passent, mais la France reste un pays émeutier, nostalgique des barricades, voire des décapitations, champion du lancer

1. Collection « Bouquins », Robert Laffont, 2011.

de pavés, une anomalie dans le paysage européen où les manifestations connaissent rarement l'ampleur des nôtres et leurs débordements.

Le miracle, c'est que rien, pas même une crise comme celle des gilets jaunes, n'entamera jamais la vitalité, l'énergie d'une partie du pays. L'étude annuelle de Pôle emploi nous apprenait, l'autre semaine, que les employeurs prévoyaient des records d'embauche pour 2019 : + 20 % dans l'industrie, + 15 % dans l'ensemble des entreprises. Des chiffres impressionnants alors que la croissance économique est dans une petite forme.

M. Macron a donc des atouts. Mais, s'il veut donner un nouveau départ à la France, il est condamné à s'attaquer rapidement aux sujets qui fâchent, économiquement parlant. En attendant, il est sans doute encore long, le chemin qui peut amener la France à redevenir « le siège de la culture la plus spirituelle et la plus raffinée d'Europe » célébré autrefois par Nietzsche.

Le 25 avril 2019

Macron, roi des « fake news »

Se débrouillant comme un chef au G7 de Biarritz, Emmanuel Macron s'y est également imposé en super-maestro de la communication, une sorte d'hybride entre Goudard et Séguéla, publicitaires faiseurs de rois, qui serait lui-même devenu chef de l'Etat.

Donald Trump est de la même espèce, un as de l'autopub, qui, pour soigner son image, sait faire des coups fumants. Minute, direz-vous, le président français n'a rien à voir avec lui, il ne s'adonne jamais aux *fake news*, contrairement à son homologue américain, qui n'est pas à une manipulation près et parle sans rire d'« informations alternatives ». Foutaises !

Donald Trump est de tous les temps, de tous les continents. Le week-end dernier, il s'appelait Emmanuel Macron. La preuve, le président s'est livré sans vergogne, avec un cynisme éhonté, trumpien, à une incroyable opération de désinformation à propos des incendies en Amazonie. On se frotte les yeux qu'elle ait pu aussi bien fonctionner, avec la complicité paresseuse et moutonnière de tous les médias du monde. Plus c'est gros, mieux ça passe.

Pourquoi M. Macron a-t-il monté cette infox ? Sans doute parce qu'il fallait donner du « sens » au G7, autrement dit lui trouver une belle cause et une tête de Turc. La première s'imposait : l'écologie. Quant à la cible, elle était toute désignée : Jair Bolsonaro, le président brésilien d'extrême droite, mirliflore de salon de coiffure, pourfendeur de l'écologie, Trump puissance mille de l'Amérique latine. Avant le G7, le président français tweete donc, en plagiant une expression chiraquienne : « Notre maison brûle. Littéralement, l'Amazonie, le poumon de notre planète, qui produit 20 % de notre oxygène, est en feu. » Et tous les médias de se mettre en branle, la fleur au fusil, comme un seul homme.

Nos chers confrères n'ont pas d'excuses. S'ils avaient pris le temps de le consulter, le site d'information de la Nasa, l'agence spatiale américaine, leur aurait permis de rétablir aussitôt la vérité. Grâce à ses sondes et à ses satellites, il montre en temps réel, avec ses « Fire Maps », les cartes des incendies sur la planète. Ces jours-ci, la situation en Amazonie semblait en effet préoccupante mais, au moment même où M. Macron pointait du doigt le Brésil de M. Bolsonaro, se déroulait en Afrique centrale une tragédie sans commune mesure : les forêts brûlaient à grande vitesse en Angola, en Zambie, en Tanzanie, au Congo.

L'Afrique subsaharienne représentait 70 %, excusez du peu, de la surface forestière brûlée : voilà ce qu'établissaient formellement les données de la Nasa. En somme, contrairement au discours officiel macronien, la catastrophe écologique était d'abord africaine avant d'être amazonienne. Sans parler des incendies en Sibérie. C'est lundi dernier seulement, à la clôture du sommet, quand le maelström médiatique fut retombé, que M. Macron, grand télémanipulateur, a soudain consenti à reconnaître que notre « maison » brûlait aussi sur le continent africain. Ce n'était pas trop tôt !

Si la plupart ont pris les vessies pour des lanternes ou, comme on dit outre-Manche, leur cul pour leur coude, on ne jettera pas l'opprobre sur tous les médias. Comme l'ont bien expliqué nos amis de la Radio-télévision belge de la communauté française, les incendies sont fréquents en Afrique dans cette période de l'année à cause de la tradition de la « culture sur brûlis » qui amène les paysans à mettre le feu à leurs terres défrichées afin que les cendres fertilisent les récoltes à venir. Les tragédies – et il y en a beaucoup – commencent quand les flammes sortent de leur « lit » et deviennent hors de contrôle.

C'est un phénomène de même nature qui se produit au Brésil : les paysans qui, pour accroître leurs terres cultivables, mettent le feu à la forêt amazonienne sont souvent dépassés par leur « succès ». Selon les partisans de M. Bolsonaro, les incendies furent pires en 2003 et en 2005, sous la présidence de Lula, chouchou de la planète médiatique, ce qui explique sans doute qu'ils n'ont pas fait scandale. Il n'empêche : l'heure est trop grave pour relativiser comme le font les bolsonaristes ou pour hystériser à la mode macronienne.

Le cirque macrono-médiatique des derniers jours aura été contre-productif, qui a conduit le Brésil, jaloux de sa souveraineté, à se replier sur lui-même et à refuser l'aide du G7 de 20 millions de dollars pour envoyer des bombardiers d'eau, tandis que son président, sexiste et fier de l'être, commentait avec vulgarité le photomontage d'un internaute comparant l'âge de sa (jeune) femme et celui de l'épouse de M. Macron : « Ne l'humilie pas, mec. »

La morale de tout cela : l'écologie est décidément une chose trop importante pour être confiée aux politiciens ou aux communicants, ce qui revient souvent au même.

Le 29 août 2019

M. Macron, engauloisez-vous !

Emmanuel Macron apprend vite. Devenu subitement très écologiste, le voici maintenant préoccupé par l'afflux des migrants sur le Vieux Continent. Marine Le Pen, sors de ce corps !

On se frotte les yeux. Le voici qui, tout à coup, entend contrôler les vagues migratoires comme le réclamait il n'y a pas si longtemps, à son grand dam, Viktor Orban, son ex-bête noire, qui veille jalousement sur les derniers vestiges de feu l'Empire austro-hongrois.

Ce tournant sur l'immigration n'est pas une improvisation, un pas de côté passager. Notre président à vie fait de la politique et c'est, à l'évidence, un stratège avisé, un as de la triangulation comme Bill Clinton, l'ancien numéro un américain, un démocrate qui n'a jamais cessé de faire son marché chez ses adversaires républicains, volant leur discours, les asphyxiant, les asséchant même, avec le succès que l'on sait.

L'intelligence de Bill Clinton fut de se mettre dans les pas de Ronald Reagan, considéré comme son opposé et dont il fut sur bien des points le continuateur. Emmanuel Macron gagnerait maintenant à se chiraquiser. En disant cela, il ne s'agit pas de l'inviter à renvoyer les grandes réformes aux calendes grecques, grand classique chiraquien. Si l'on était méchant, à Dieu ne plaise, on dirait que c'est déjà fait depuis longtemps.

Jacques Chirac ne se la pétait pas, il s'en faut. S'il veut créer une relation durable avec les Français, Emmanuel Macron doit en finir pour de bon avec le Jupiter altier et narcissique auquel il s'était identifié en arrivant à l'Elysée. Qu'il redescende une fois pour toutes sur terre, au milieu des gens de rien, de peu. Qu'il les aime, les écoute, tente de leur ressembler. Qu'il en finisse avec la verticalité, héritage de l'ancien monde, pour se convertir à l'horizontalité, le nouveau mode de gouvernement. Quand on oublie le peuple, il se venge, comme le président a pu le vérifier lors du conflit des gilets jaunes.

L'injonction à la chiraquisation aurait pu passer, voilà peu, pour une insulte de bas étage. Mais, après la séquence que nous venons de vivre, il apparaît qu'Emmanuel Macron aurait beaucoup à apprendre de l'ancien président. L'empathie, l'humilité, la générosité, la convivialité, l'autodérision. Allez, disons le mot : l'humanité. Si doué et brillant soit-il, il manque quelque chose à notre président, handicapé du sentiment, habitant au-dessus de lui-même, à peu près aussi chaleureux qu'un fruit sec. En se chiraquisant un brin, s'il y parvient, ce qui n'est pas joué, il deviendrait irrésistible, imbattable.

Certes, l'ancien président n'a pas roulé sa meule sur la France comme Giscard-le-moderne, qui a rehaussé la place de la femme dans la société et dont on révisera un jour le bilan à la hausse. Il n'a pas non plus ouvert des portes, des fenêtres, des voies nouvelles, comme Mitterrand en son temps. Mais cet enfant de la Corrèze aura incarné comme personne la France rurale, celle de *Terre natale*[1], le superbe livre de Jean Clair, qui sent aujourd'hui le sol se dérober sous ses pieds.

Jacques Chirac fut le dernier président gaulois. Un

1. Gallimard, 2019.

avatar de Vercingétorix, de surcroît grand tâteur de culs de vache, qui aimait l'odeur du foin coupé, de l'herbe mouillée. Qu'est-ce qui a porté si haut dans le cœur des Français un homme devenu, excusez du peu, le président le plus populaire de la Vᵉ République, ex aequo avec le général de Gaulle ? La nostalgie, bien sûr. Avec son amour de la gaudriole, de la bonne chère, des paysans, il était comme une survivance rabelaisienne d'un monde englouti, celui de cette France du bout du monde, qui, au pied des clochers, n'en finit pas de mourir à petit feu, dans une indifférence quasi générale. Un chef d'Etat n'a pas le droit de s'accommoder du délitement des territoires, de leur désertification programmée.

La France sera-t-elle toujours la France quand ses derniers villages auront été vidés, ses églises vendues, toutes ses fermes abandonnées pour être remplacées par des structures automatisées et digitalisées ? L'affaire n'est pas seulement sociale, écologique, économique. Elle est identitaire, j'allais dire métaphysique. Quand, après le final du requiem pour les paysans, sonneront les ultimes notes de leur glas, on pourra toujours chercher les racines du pays, elles auront disparu à jamais, emportées par la déshumanisation et la révolution numérique.

Que serait une France dépouillée de sa ruralité ? Il lui manquerait les bocages, les prairies, le chant du monde, le royaume des cieux et aussi le bon sens. « J'aime les paysans, disait Montesquieu. Ils ne sont pas assez savants pour raisonner de travers. »

Le 3 octobre 2019

Il y a quelque chose de fichu au royaume de Macron

A l'école de la malchance, comme dirait l'humoriste, M. Macron remporterait tous les prix. Observez comme tout semble se liguer contre lui. La haine forcenée, absurde, que lui voue une partie non négligeable des Français, des élections municipales qui s'annoncent désastreuses, la légèreté ou l'incompétence des siens, la déplorable affaire Griveaux.

« Soyez fiers d'être amateurs », a dit, la semaine dernière, M. Macron aux députés de la majorité, alors qu'ils devraient, au contraire, en avoir honte. Dieu merci, nous ne vivons plus sous le règne de la gérontophilie radicale-socialiste comme sous la IIIe République, mais avons-nous vraiment gagné au change avec l'arrivée au pouvoir des pubères nombrilistes et nihilistes du macronisme ? Aucun esprit sensé ne peut le croire.

Bienvenue dans la République des ados. Eût-il été un professionnel de la politique, M. Griveaux se serait battu comme un lion, jurant son innocence contre l'évidence, comme le fit l'ancien président américain Bill Clinton. Autrement couillu, si j'ose dire, celui-ci réussit à se dépêtrer d'un dossier perdu d'avance, le Monicagate, sa relation extraconjugale de deux ans avec une stagiaire à la Maison-Blanche. Tout fut étalé sur la place publique : ses masturbations, le sexe oral, son jouet sexuel (un étui à cigare) et… le parjure. Eh bien, il s'en sortit. Souvent rattrapé par son passé de coureur et par des ex qui sortaient du bois, M. Clinton n'a jamais déposé les armes. Et il a toujours gagné.

Ancien lieutenant de DSK, M. Griveaux a préféré, après sa grosse bêtise, pleurnicher et dénoncer les réseaux sociaux, mettant ainsi au jour la filiation entre le strauss-kahnisme et le macronisme, deux systèmes de pensée où prolifère, pour caricaturer, le cynisme infantile de ceux qui considèrent que tout leur est dû. Mais leur puérilité est sans commune mesure avec celle, abyssale, de l'ultragauche dont une figure, l'avocat Juan Branco, auteur du best-seller *Crépuscule*, est mêlée à l'affaire. Complotiste, le pauvre chat croit vivre dans une dictature sanguinaire et multiplie les propos débiles, tout comme son ami, le « réfugié politique » russe, Piotr Pavlenski, par qui le scandale de la « vidéo » grivoise est arrivé. Les barbares ne sont pas seulement dans les « quartiers ».

Est-ce grave, docteur ? On peut trouver des éléments de réponse dans le livre très stimulant du psychiatre Maurice Berger, *Sur la violence gratuite en France*[1], qui sort des sentiers battus. Si les adolescents sont souvent hors de contrôle dans notre société, explique cet homme de terrain qui travaille sur les adolescents hyperviolents, ce n'est pas à cause de la précarité, de la ghettoïsation ou de « la violence sociale ». C'est notamment parce que la loi a de moins en moins de sens pour eux : « La réponse à l'illégalité est devenue très relative devant les tribunaux (comme la notion de gravité), et il faut qu'un mineur aille très, trop loin, pour rencontrer une butée qui lui permette de commencer à intégrer ce que signifie ce terme. »

1. L'Artilleur, 2019.

Après l'enfant roi, voici le temps de l'ado roi incarné par tous les acteurs de cette histoire et jusqu'au délire par Piotr Pavlenski, multirécidiviste du coup d'éclat, qui a pu incendier les portes de la Banque de France sans être reconduit à la frontière. C'est ce sentiment d'impunité qui prévaut aujourd'hui, à tous les étages de la société, tandis que l'on assiste, par une stupéfiante inversion des rôles, au procès permanent de la police, toujours présumée coupable, comme si les black blocs ou les casseurs de l'ultragauche étaient nos nouveaux héros.

M. Macron n'est peut-être pas la solution, mais est-il vraiment le problème ? Depuis plusieurs décennies, les chefs de l'Etat sont à peine mieux traités que les pigeons vivants que l'on lâchait jadis dans les ball-traps, pour le bon plaisir des chasseurs du dimanche. Comme la plupart de ses prédécesseurs, l'actuel président a l'hallali tous les jours. Hargneuse et baveuse, la meute est sur les dents.

Tout fait ventre à cette horde déchaînée, et c'est à peine si l'on évoque les bonnes nouvelles comme la baisse substantielle du chômage (– 0,7 % en 2019 pour tomber à 8,1 %), que l'on pourrait au moins imputer à ses réformes. A ce stade de haine de soi, notre cher et vieux pays, comme disait de Gaulle, a-t-il encore un avenir ? C'est une interrogation qui monte et force est de constater que les Français sont de moins en moins rares à répondre par la négative. Notre destin est encore pour deux ans entre les mains de M. Macron. Ce serait quand même bien qu'ils soient mieux, lui et les siens.

Le 20 février 2020

Et si Jupiter devenait Hercule ?

Le quinquennat de M. Macron est-il déjà terminé ? Il en a maintenant pour des mois à écoper, remblayer, rafistoler. Ce n'est pas une vie, surtout pour un président qui a fêté son élection en fanfare, au son de *L'Hymne à la joie*.

Si Jupiter veut laisser sa marque dans l'histoire de France, ce qui est encore loin d'être le cas, il n'a qu'une chose à faire : se métamorphoser en Hercule pour décoloniser les régions, redistribuer les pouvoirs, libérer les territoires.

Ridicules, les « élites » parisiennes deviennent les fourriers du populisme quand, pendant une grande partie de la crise sanitaire, elles traitent de la même façon l'Auvergne et l'Ile-de-France. Ou quand l'auguste président parisien du pompeux comité scientifique francilien, le professeur Delfraissy, prétend confiner les plus de 65 ans jusqu'à la fin de l'année, voire jusqu'à leur mort.

Au service de l'Etat ou de leur idéologie, les « désinformateurs », profession en pleine expansion, s'échinent à nous faire croire que, sur le coronavirus, la France s'en sort beaucoup mieux que les Etats-Unis de Donald Trump et le Brésil de Jair Bolsonaro. Ils oublient seulement, les farceurs, de rapporter le nombre de morts aux populations globales, ce qui change tout.

En matière d'efficacité sanitaire, nous avons été tout en bas du tableau, avec l'Italie, l'Espagne, la Belgique, la Grande-Bretagne. Une sorte d'antimodèle, malgré le dévouement et la compétence de notre personnel médical. Au lieu de continuer à pratiquer le déni, ce sport national, ne pourrait-on pas tirer les leçons du fiasco sanitaire, dynamiter le mammouth, tout décentraliser et régionaliser, à commencer par notre système de santé ?

Avec le plus mauvais ministre de la Santé depuis des lustres, le populaire Olivier Véran, produit de ce système et ravi de la crèche qui déconseillait le port du masque il n'y a pas si longtemps, on ne va certes pas dans la bonne direction. Or, beaucoup des 30 000 morts français du coronavirus sont les victimes de notre organisation sanitaire centralisée, obsolète, caricaturale du tant décrié monde d'avant. Nous leur devons une réforme de fond qui passe par la régionalisation et la suppression de structures aussi superfétatoires que tentaculaires.

La crise sanitaire nous a permis de mesurer l'efficacité des régions, départements et collectivités territoriales, qui ont suppléé, à tous les niveaux, les monstrueuses défaillances de l'Etat, notamment pour les achats de masques. Depuis cinquante ans, des livres à succès comme *La Société bloquée,* de Michel Crozier, ou *Le Mal français,* d'Alain Peyrefitte, nous ont décrit une France nécrosée, arrêtée, suradministrée, sans que rien jamais ne changeât.

Si la France va mal, n'en déplaise aux « désinformateurs », c'est parce qu'elle vit, à travers le jacobinisme, sous une gouvernance à irresponsabilité illimitée. Par définition, le fonctionnaire parisien, loin du terrain, n'est pas responsable, encore moins coupable. Les échafauds sont déjà en cours de construction, mais la condamnation de quelques boucs émissaires politiques, au nom du principe de précaution, ne résoudra rien. C'est le système tout entier qu'il faut remettre en question.

Jusqu'à présent, sur les gilets jaunes comme sur le Covid-19, le pouvoir a toujours eu au moins une quinzaine de jours de retard sur l'événement, et, apparemment, ce n'est pas près de s'arranger. Alors que la grande vague du coronavirus est passée sur la France, ceux qui nous gouvernent sont comme tétanisés, on dirait qu'ils n'ont toujours pas repris leurs esprits.

Ils ont une excuse : tous les problèmes sont devant eux, « en même temps », pour reprendre une formule chère à M. Macron. Mais il est temps qu'ils se réveillent. Gouverner, c'est prévoir, trancher, anticiper. Si l'on se réfère à nos voisins, notamment à l'Allemagne, qui s'en est mieux sortie que nous grâce à l'autonomie des Länder, il faut casser les pyramides et décentraliser les décisions. Le président se grandira en redistribuant les prérogatives de l'Etat. En se hâtant de débureaucratiser la santé, la société.

« La France est un pays extrêmement fertile, disait déjà Clemenceau. On y plante des fonctionnaires et il y pousse des impôts. » La crise sanitaire a révélé que nos sols sont épuisés. Même si les choses ne risquent pas de s'arranger, par les temps qui courent, nos 56 % de dépenses publiques par rapport à la richesse nationale – un record mondial – nous ont précipités dans une sorte de communisme mou, lequel se traduit par la tiers-mondisation de certains secteurs de la société.

Alors que l'Etat semble exsangue après avoir tout pompé, n'est-ce pas le moment de réfléchir à faire marche arrière ?

Le 4 juin 2020

Emmanuel le Hardi… ou le Flapi ?

Qui est Macron ? Un président durable ou un illusionniste de passage ? A près d'un an de la présidentielle, alors que la France est traversée par toutes sortes de mauvaises pensées, c'est toujours la grande question.

Les « connaisseurs » de la chose politique, ceux qui se trompent tout le temps, nous disent qu'il sera réélu dans un fauteuil, au second tour, face à Marine Le Pen. L'histoire récente aurait dû leur apprendre que les démocraties, en proie au prurit dégagiste et souvent d'humeur farceuse, aiment se donner à ceux qu'on n'attendait pas.

On a peine à croire que Macron soit si bien parti. A peu près tout et son contraire, il ne cesse de dérouter : brillantissime mais d'une naïveté abyssale, libéral en paroles mais hyper-colbertiste dans l'action, ultra-pragmatique mais super-idéologue, comme l'a montré son refus dogmatique de fermer nos frontières à l'intérieur de l'Europe, au début de la crise du Covid.

Macron est à peu près aussi facile à appréhender que l'homme invisible, comme s'il était composé de matière noire, imperceptible à l'œil et au microscope, à plus forte raison aux scalpels de dissection. Le moindre des mérites du nouveau livre d'Alain Duhamel, *Emmanuel le Hardi*[1], n'est pas de donner une cohérence au huitième président de la Ve République.

Le Hardi est le surnom donné à Philippe III, fils de Saint Louis, au XIIIe siècle. Le donner à Macron eût été

1. Editions de l'Observatoire, 2021.

gentil de la part d'Alain Duhamel si ce roi avait été plus connu pour sa fougue au combat que pour sa faiblesse de caractère, qui l'amena, entre autres, à céder au pape le Comtat-Venaissin, c'est-à-dire une grande partie de l'actuel département du Vaucluse. Ne peut-on pas reprocher au président une certaine pusillanimité ?

Ce n'est pas la thèse d'Alain Duhamel, qui, soit dit en passant, n'a aucun lien de parenté avec Olivier du même nom. Tous deux travaillent dans la politologie. Tous deux aiment les titres. Constitutionnaliste, Olivier Duhamel, accusé d'un inceste abject sur son beau-fils, les a accumulés toute sa vie, jusqu'à devenir la grande incarnation de Sciences Po, dont il présidait la fondation.

Editorialiste et grand officier de la Légion d'honneur, ce qui paraît peu compatible, Alain Duhamel croule mêmement sous les distinctions, dont la moindre n'est pas son appartenance à l'Académie des sciences morales et politiques. Mais la comparaison s'arrête là. Il y a quelque chose d'éminemment respectable chez Alain Duhamel : une sagesse professorale, ontologique. Heureusement qu'il est là.

C'est « l'honnête homme » au sens du XVIIe siècle : tout en équilibre. Certes, en matière de prédiction présidentielle, il a quasiment toujours été une boussole à l'envers, misant sur le sortant, qui se retrouvait Gros-Jean comme devant. Mais, de tous les analystes, c'est sans doute celui qui se laisse le moins ronger par les passions, les ressentiments, l'air du temps. Il est si mesuré qu'il fait souvent penser à un célèbre directeur du *Figaro* qui terminait souvent ses éditoriaux par la même formule : « Il faut raison garder » (Louis-Gabriel Robinet).

Eh bien, voilà un livre qui permet de raison garder. Après avoir rehaussé les quinquennats de Sarkozy et de Hollande, Alain Duhamel rehausse à juste titre Macron, « l'homme des ruptures », « plus habile à défaire qu'à rebâtir », qui n'aura pas été, démontre-t-il, la catastrophe que l'on dit souvent. On ne peut néanmoins le suivre quand il prétend que le président est plus attaqué que ses prédécesseurs : on l'a dit chaque fois pour les autres. Il ne nous convainc pas davantage quand il note que les réformes se poursuivent à un rythme « endiablé ». Ah bon ! Pourriez-vous développer un peu, monsieur le professeur ?

Macron est meilleur que l'on ne croit, meilleur et pire. Son ambition européenne et sa volonté de moderniser notre vieux pays recru ne font aucun doute Il défriche, il avance, il en impose. On est même prêt à croire Alain Duhamel quand il le présente comme l'homme qui peut créer des emplois et faire baisser le chômage. Mais la grande absente de ce livre, comme du logiciel présidentiel, c'est la France éternelle en crise morale, identitaire, métaphysique, qui se demande si elle est encore de son temps. La France des Lumières qui a perdu tant de batailles mais qui n'a pas perdu la guerre.

Alors que montent les vents mauvais, sociaux ou économiques, qui se déchaîneront quand le coronavirus sera derrière nous, c'est sans doute la seule grande faiblesse de Macron, flapi après tant d'avanies, pour l'échéance de 2022 : n'est pas de Gaulle qui veut, et la France sujette à toutes les affres attend désespérément le ou la démiurge qui saura lui parler et la réinventer.

Le 21 janvier 2021

Quand Macron renverse le « pot de fleurs »

Merci, Macron. Il n'est pas habituel, ici, de commencer de la sorte un éditorial mais, quelles que soient ses conséquences, la décision du président de ne pas confiner le pays, vendredi dernier, mérite notre approbation et même davantage.

Quel monde de fous sommes-nous en train d'inventer ? Apparemment, une société de reclus et de cloîtrés qui attendent comme le Messie ce vaccin évanescent. Une mosaïque de villes mortes et de quartiers bouclés, peuplés de zombies qui vivotent derrière des persiennes.

Pour protéger les seniors, cibles principales du virus, on prend les jeunes en otages et on les met dans le formol. Tous au piquet de 7 à 116 ans : défense de vivre. C'est ainsi que l'Occident, la France en tête, a jusqu'à présent combattu le virus de ce côté-ci de la planète alors que, de l'autre, en Asie, la vie continue toujours, y compris la nuit, *business as usual.*

Economiquement, la gestion occidentale de la crise sanitaire aura été désastreuse et tout le monde sait, sauf les Boniface, qu'il faudra payer tôt ou tard les perfusions d'argent magique qui permettent aujourd'hui à tous nos pays de tenir en tournant au ralenti. Sans parler des dommages collatéraux, psychologiques, culturels, etc.

Plutôt que d'accepter un coma sociétal et économique, voire de crever la bouche ouverte de sinistrose, ne faut-il pas repenser nos stratégies, pour la prochaine fois ? L'Occident n'aurait rien à perdre à s'asiatiser un peu après avoir tiré les leçons des pays qui ont su juguler la pandémie.

L'Asie nous a déjà donné le yoga, la boussole, l'acupuncture, le bouddhisme, l'imprimerie, le massage ayurvédique, les masques hygiéniques. Pourquoi ne pas adopter aussi, en cas de nouvelle pandémie, ses techniques de tests, de traçage et de confinements individuels qui lui ont si bien réussi contre le coronavirus, notamment à Taïwan et en Corée du Sud ?

« Mais nous ne sommes pas des Asiatiques ! » s'égosillent en chœur, horrifiés, les coqs se dressant sur leurs ergots. Balivernes ! Ces deux pays sont des démocraties qui respectent les droits de l'homme – et la vie. A Taïwan, nation de plus de 23 millions d'habitants, elle ne s'est même jamais arrêtée, et le coronavirus n'a fait que 7 morts, ce qui, rapporté à la population française, correspondrait chez nous à... plus d'une vingtaine de victimes.

La grande différence avec la France : à Taïwan, comme en Corée du Sud, le gouvernement a agi très vite sans confiner mais en contrôlant les entrées aux frontières et en sortant sans attendre son arsenal (tests PCR, masques, quarantaines de quatorze jours, etc.). Ces succès, dit-on souvent, auraient été obtenus avec des méthodes policières, au détriment des libertés individuelles ? Des balivernes, encore !

Le traçage concerne, pendant une période de quinze jours, les malades, les personnes à risques ou les voyageurs en quarantaine, condamnés à un confinement obligatoire. Les données sont ensuite détruites. Ce système certes contraignant ne vaut-il pas mieux que notre mise sous cloche en attendant, jusqu'à la saint-glinglin, que tout le monde soit vacciné ?

Il y avait dans le « non » de Macron aux objurgations « scientifiques » quelque chose de profondément gaullien, comme le confirmait la stupéfaction des commentateurs médicaux. Il a « bousculé le pot de fleurs », expression du général de Gaulle, qui avait lui-même effectué un revirement semblable en décidant in extremis de ne pas dévaluer lors de la crise monétaire de l'automne 1968.

Macron puisse-t-il avoir signé, avec sa volte-face, l'acte de décès de la république des médecins qui, malgré tous ses attraits, ne vaut pas mieux que la république des juges ou des instituteurs. Obnubilé par le principe de précaution et les risques d'actions judiciaires à venir, le président, ficelle, s'était servi, à l'instar de son gouvernement, de la communauté médicale comme d'un paravent. Le voici seul, désormais. A découvert. « Face à l'événement, disait de Gaulle, c'est à soi-même que recourt l'homme de caractère. »

A la république des médecins on préférera toujours les médecins de la République. C'est l'un des plus beaux métiers du monde. Un sacerdoce, comme en témoigne le poignant journal de bord (de janvier à mai 2020) du Pr Philippe Juvin qui, dans *Je ne tromperai jamais leur confiance* (Gallimard), raconte, par le menu, sa guerre au front contre le coronavirus.

Chef du service des urgences de l'Hôpital européen Georges-Pompidou, Philippe Juvin n'a pas écrit un livre politique, même s'il est maire LR de La Garenne-Colombes. Mais il dresse, à travers son récit, un état des lieux accablant du système sanitaire le plus coûteux du monde, qui, pendant la crise, a toujours eu un train de retard, miné qu'il était par une bureaucratie fabriquant de la nuisance pour se donner de l'importance. Monsieur le Président, il est temps de rendre la politique aux politiques et la médecine aux médecins !

Le 4 février 2021

2.

COMMENT LA DROITE VA PEUT-ETRE S'EN SORTIR…

La droite peut-elle encore perdre en 2022 ?

La droite s'est fait « voler » la présidentielle de 2017. Du moins est-ce souvent son sentiment. Le même scénario-catastrophe se reproduira-t-il cinq ans plus tard ?

Ses idées étant majoritaires dans le pays, la droite, si elle avait l'esprit de famille, devrait logiquement l'emporter à la présidentielle après avoir gagné à bas bruit les municipales puis les régionales. Seulement voilà : aujourd'hui comme hier, ses chefs sont souvent démangés par leurs ambitions personnelles comme par des piqûres de puce.

Laissant passer son tour, Laurent Wauquiez a, comme Bruno Retailleau, préféré s'immoler sur l'autel de l'unité plutôt que rajouter à la confusion. Bonne soldate, Valérie Pécresse, qui n'a apparemment pas grand-chose à craindre de concurrents comme Eric Ciotti et Michel Barnier, a, pour l'heure, les meilleures chances de gagner la primaire de la droite. Mais après ?

Se prenant pour le général de Gaulle mais sans la légende du 18 juin, Xavier Bertrand a vu la Vierge, qui lui a dit de se présenter et, depuis lors, fait montre d'une détermination quasi mystique, quitte à fracasser, demain, sa famille politique. Quel est l'intérêt pour la droite d'organiser une primaire si l'une de ses figures les plus en vue refuse de jouer le jeu et annonce qu'elle maintiendra sa candidature « quoi qu'il en coûte » ?

Eric Zemmour pourrait finir le travail de démolition. Si la raison prévalait, le célèbre éditorialiste, qui a plus à perdre qu'à gagner dans une candidature, rétropédalerait in extremis, de peur de se retrouver telle Perrette dans la fable de La Fontaine, « La Laitière et le pot au lait ». Mais c'est oublier la dimension ludique et iconoclaste du personnage.

Si l'on en croit certains politologues, Zemmour, au cas où il se présenterait, pomperait, contre toute attente, plus de voix à LR qu'au Rassemblement national. Il participerait ainsi, à sa manière, au carnage quinquennal de la droite, qui semble appelée, pour le moment, à diviser par trois son électorat en 2022, pour le plus grand bonheur d'Emmanuel Macron et de Marine Le Pen, déjà annoncés pour le second tour.

A croire que la droite a ressorti du grenier sa fabuleuse machine à perdre, qui est sans doute ce qu'elle a fabriqué de mieux depuis longtemps. Quelle technicité ! Quelle efficacité ! Après avoir prédit les victoires de Giscard en 1981, de Balladur en 1995, de Jospin en 2002, de Strauss-Kahn en 2012, de Juppé en 2017, le Tout-Etat parisien se croit ainsi autorisé à annoncer la victoire de Macron à la présidentielle dans moins de dix mois.

Mauvais présage ? Tombés tout petits dans la politique politicienne, les Français détestent que les jeux soient faits avant un scrutin. Ils aiment brouiller les cartes, démentir les sondeurs et « bousculer le pot de fleurs », comme disait de Gaulle. Les favoris sont à peu près toujours condamnés à être battus, surtout s'ils sont sortants. Tel est, jusqu'à nouvel ordre, le principal handicap de Macron.

L'Histoire fait parfois penser à ces vieilles soupes que l'on réchauffe à l'infini en rajoutant une fois un oignon, une autre des croûtons. Mais rien n'est encore écrit. Macron n'a pas encore perdu, loin de là. Il a du talent et de la ressource. Il a cependant raison de se faire du mauvais sang. Il n'est pas à l'abri d'une mauvaise surprise, notamment si la campagne présidentielle tourne à la querelle des Anciens et des Modernes comme celle qui, au XVIIe siècle, déchira le monde littéraire et artistique.

La querelle des Anciens et des Modernes éclata en 1687, quand Charles Perrault, l'auteur des fameux contes, présenta à l'Académie française un poème à la gloire du Roi-Soleil avant d'appeler à faire table rase du passé et à jeter aux orties des génies de l'Antiquité comme Homère ou Virgile. Contre Boileau et les Anciens à qui la postérité a finalement donné raison et qui défendaient aussi bien les écrivains grecs ou latins que Molière, Racine ou La Fontaine, Perrault plaidait, au nom des Modernes, pour une culture amnésique, moralisatrice et confortable, à plat ventre devant les pouvoirs de l'époque.

Autant dire que les propos de Perrault font écho aux déclarations malheureuses de Macron sur la repentance, sur la « culture française » qui n'existerait pas ou à son invitation enfantine à « déconstruire » l'Histoire. Soucieux de rester dans l'air du temps, le président n'a jamais osé affronter frontalement le wokisme, le racialisme, l'indigénisme, le décolonialisme et toutes ces nouvelles modes idéologiques *made in USA*. Au moins la droite est-elle d'accord là-dessus : « Vous n'avez pas à rougir d'être Français », dit Valérie Pécresse.

A la droite maintenant d'aiguiser son discours contre la politique économique de Macron, qui peut rappeler celle de la gauche de 1981, sur fond de déficits et d'endettement exponentiel. Quand ce sera fait, il lui faudra encore s'unir. Vaste programme !

Le 2 septembre 2021

Mieux vaut ne pas être de droite…

Chez les commentateurs de la chose politique, il est convenu d'observer qu'Emmanuel Macron a réussi à assécher la droite et la gauche modérées. Avec son art de la triangulation qui consiste à reprendre à son compte ce qu'il y a de bon chez l'une ou chez l'autre, il leur a enlevé tout espace politique. Elles ressemblent désormais à des bougies mortes, quand la mèche cramée s'est noyée dans la dernière coulée de cire.

A gauche, les « frondeurs » ont assassiné le PS, qui, s'il veut renaître, a intérêt à se trouver vite un homme providentiel : par exemple, François Hollande, dont le livre, *Les Leçons du pouvoir*, se vend comme des petits pains. Sinon, MM. Mélenchon et Macron pourraient se partager rapidement les dépouilles d'un parti qui risque de connaître le sort du PCF, un souvenir antédiluvien qui sent la naphtaline. Quant à la droite, elle est également en mauvaise posture. Les grandes figures des Républicains sont tellement en pâmoison devant le pouvoir que les Français peuvent se demander à bon droit si LR est encore un parti d'opposition.

Assis entre deux chaises, le président a cependant la fesse droite beaucoup plus grosse que l'autre. Elle déborde même de partout, ce qui ne fait pas les affaires de M. Wauquiez, à qui est échue la mission la plus difficile : réinventer la droite. Or, pour la plupart des Français, c'est M. Macron qui incarne ses valeurs, dont les moindres ne sont pas l'autorité et la sécurité. D'où la tragédie de LR qui peine à trouver des angles d'attaque.

S'il les avait trouvés, M. Wauquiez aurait-il pu les formuler devant les Français ? Pas sûr, car le nouveau chef de la droite se trouve devant un mur médiatique qu'il ne pourra faire sauter qu'en adoptant avec la presse une stratégie de rupture à la Mélenchon ou à la Trump. Passionnés par les paroles creuses de M. Hamon, le ravi de la crèche, les chers confrères ne cessent de saper ou de zapper le président de LR devenu une sorte d'ennemi public. Transformés en inquisiteurs, idéologues ou directeurs de conscience, ils n'acceptent pas l'idée de voir grandir, aux marges du macronisme, une droite forte. Or elle seule pourrait freiner l'ascension du Front national, dont la doxa médiatique nous annonce à intervalles réguliers la disparition avant d'être chaque fois démentie par les faits.

La presse n'aime la droite que quand elle est de gauche. C'est pourquoi il vaut mieux ne pas être de droite dans notre pays. L'auteur de ces lignes étant un vieil européen libre-échangiste et social-libéral, il n'en est que plus à l'aise pour reconnaître qu'en France, aujourd'hui, l'offre protectionniste et antimondialiste n'est pas à la hauteur de la demande, ce qui laisse aujourd'hui un boulevard au FN. Dans l'intérêt de la démocratie, il faut toujours une opposition crédible au pouvoir. Au train où vont les choses, la gauche socialiste est mal partie pour l'incarner. Telle est donc la mission historique de LR : construire une alternative à Macron.

Le malheur de la droite est de n'avoir aucune bonne fée à son chevet. Toujours à gronder contre elle, les médias sont prêts à lui sauter à la gorge à tout instant. Nombreux sont ses handicaps. Citons-en deux, pas fondamentaux mais rarement évoqués. D'abord, les découpages électoraux lui sont souvent défavorables et la loi PLM (Paris-Lyon-Marseille), mise en œuvre par Gaston Defferre en 1982, toujours en vigueur, relève de l'escroquerie pure et simple. Elle pénalise systématiquement la droite, qui obtint ainsi 10 000 voix de plus que M. Collomb quand, en 2001, il emporta la mairie de Lyon. Même chose pour le PS à Paris : bien que minoritaire en suffrages, il a pu, grâce à elle, s'incruster à l'hôtel de ville.

Ensuite, osons le dire, la droite fait face aujourd'hui à une sorte d'hystérie judiciaire. Ce serait faire insulte à la justice de notre pays de prétendre qu'elle est globalement inféodée à la gauche, mais force est de constater qu'une partie d'entre elle semble n'avoir pour objet que d'instruire à charge contre la droite, à plein temps, sans retenue, à ciel ouvert, avec ses petits greffiers du *Monde* et de Mediapart. La preuve par le Parquet national financier (PNF), qui s'est permis de mettre M. Fillon en examen précipitamment, en pleine campagne électorale, sans que l'on entende plus parler de rien depuis. Le PNF a beau jouer les vierges pures et impartiales, il fait sourire quand on le voit éplucher aujourd'hui avec fébrilité les comptes de la mairie de Marseille, après avoir enquêté sur le temps de travail de ses employés municipaux.

Pourquoi le Parquet national financier ne procède-t-il pas à des enquêtes du même genre à Paris ou à Lille ? Oh, pardon, j'oubliais, c'est impossible : ce sont des mairies de gauche !

Le 26 avril 2018

Y a-t-il encore besoin d'une droite en France ?

Oui, voici pourquoi : sans elle, tout est possible, surtout le pire. Elle fait partie des meubles, de nos traditions, de nos racines. Elle est consubstantielle à la démocratie française.

Quand on a une bonne et une mauvaise nouvelle, il faut toujours commencer par la bonne, ça fait passer l'autre. Donc, comment ne pas se féliciter, en préambule, de la mise en orbite, aux européennes, d'un homme susceptible de relancer une gauche en mille morceaux qui pèse, à la louche, un tiers de l'électorat ?

Ecologiste responsable et europhile convaincu, Yannick Jadot (EE-LV), qui a créé la surprise du scrutin, aura désormais la lourde tâche de fédérer cette gauche qui est sortie, dimanche, de son état de coma dépassé pour revenir un peu, n'exagérons rien, à la vie. La France n'est pas la France sans la gauche.

La démocratie française n'a rien à gagner à une bipolarisation névrotique entre M. Macron et Mme Le Pen, qui ne mènera nulle part, sauf, un jour plus ou moins lointain, à la victoire du RN. Elle a besoin d'une gauche comme elle a besoin d'une droite forte, décomplexée, conquérante, qui n'ait pas peur de son ombre.

Voici précisément la mauvaise nouvelle : la descente aux enfers de la droite parlementaire, qui ne se remet toujours pas de sa défaite à la présidentielle de 2017. Il faut beaucoup d'inconscience politique et aucun sens de l'intérêt général pour se goberger, comme Mme Loiseau et une flopée de macronistes, de l'effondrement des Républicains, espèce menacée d'extinction, alors que, de toute évidence, elle est nécessaire à la biodiversité de notre système politique.

Le philosophe François-Xavier Bellamy n'a pas fait une mauvaise campagne, loin de là. Il a fait ce qu'il faut faire quand un parti politique part en biberine, autrement dit en déconfiture : travailler les fondamentaux et reconstruire le noyau dur avant de songer à élargir son socle – stratégie gagnante adoptée par Mitterrand quand il reprit le PS en 1971. Mais la tête de liste LR n'a pas réussi à faire entendre sa voix dans le brouhaha de la campagne, comme si le système l'avait condamné d'avance.

Le problème de la droite, c'est le peuple. De Gaulle, Chirac ou même Sarkozy, dans une moindre mesure, avaient su conquérir la France du métro, celle qui se lève tôt. « Gouverner, c'est parler aux gens », disait le radical-socialiste Aristide Briand, cité sans cesse par François Mitterrand. Obnubilés par les « racines chrétiennes de l'Europe », un vrai sujet, Les Républicains ont oublié de parler aux Français.

Voilà plus de deux ans que Les Républicains, sous la houlette de M. Wauquiez, se cherchent sans se trouver. Siphonnés par le pouvoir, qui n'a pas enrôlé les derniers de ses hiérarques (MM. Juppé, Raffarin, Le Maire, Darmanin...), zappés du matin au soir quand ils ne sont pas méchamment brocardés, les voici désormais à la rue. Pitié pour eux ! Pitié pour nous tous qui risquons un jour de payer au prix fort leur effacement !

En fixant une partie de la droite dure, Les Républicains ne constituaient-ils pas un verrou, mieux, une digue, face à l'inexorable montée du Rassemblement national ? Leur disparition annoncée (tant souhaitée aussi par les macronistes et leurs épigones) serait une catastrophe pour la démocratie française. C'est au demeurant ce qui pourrait arriver de mieux au RN. A plus ou moins long terme, elle lui ouvrirait les portes du pouvoir. Les trémoussements de joie de la bien-pensance depuis dimanche sont donc obscènes, mal venus.

Marine Le Pen a profondément transformé le mouvement fondé par son père. D'extrémiste et cryptofasciste, il est devenu populiste. Il s'est policé, ne sent plus le soufre, effraie moins le chaland. Les signes de l'obsession nazie ne sont plus visibles à l'œil nu ; il faut farfouiller longtemps dans les poubelles pour en dénicher. Gageons qu'après le ralliement de M. Mariani, ancien sarkozyste, une belle prise, débauchages et alliances improbables se multiplieront à l'approche des municipales.

En installant le parti lepéniste comme alternative à La République en marche, M. Macron joue, avec une sorte de cynisme mitterrandien, les apprentis sorciers. Sans doute considère-t-il que Mme Le Pen est inéligible, c'est-à-dire une adversaire de rêve. Il veut donc la booster. A ses yeux, c'est son assurance réélection. Grâce à quoi il pourra espérer faire encore quatre ou cinq mandats présidentiels en toute tranquillité. Devenir une sorte de président à vie. Il oublie simplement que l'Histoire n'est jamais écrite, qu'elle est pleine d'embardées, de nids-de-poule, de sorties de route.

Depuis dimanche, Mme Le Pen est présidentiable.

Le 30 mai 2019

Marine Le Pen, le spectre et le sceptre

Mais qu'ont-ils fait tous pour qu'on en arrive là ? Les leviers de la France seraient-ils, à tous les niveaux, entre les mains de ganaches machiavéliques, patraques ou pyromanes qui n'ont aucun sens de l'intérêt général ?

Ecoutons le « venir des vertiges », comme disait Aragon. Rien ni personne ne semble aujourd'hui en mesure d'arrêter la mer qui monte tous les jours et, en l'espèce, on ne saurait imputer les crues lepénistes en cours au réchauffement climatique. La cause en est l'échauffement actuel des esprits.

Marine Le Pen est en train de faire exploser le prétendu plafond de verre contre lequel, selon nos bons confrères, devait se briser sa résistible ascension. Selon un sondage Ifop pour *Le Journal du dimanche*, si le scrutin présidentiel se déroulait aujourd'hui, elle serait au coude-à-coude avec Emmanuel Macron au premier tour : à 27 ou 28 %. Au second tour, elle obtiendrait 45 % contre 55 % au président sortant : 11 points de plus qu'en 2017 ! Ne faisons pas les étonnés du bocage, nous l'avons bien mérité.

La faute à qui et à quoi ? D'abord, à la perte générale des repères dans une France où des piliers de la République comme l'instituteur, le curé, le médecin généraliste se sont effondrés les uns après les autres à la fin du siècle dernier, sur fond d'urbanisation, de révolution numérique et de haine de la ruralité. C'est la même vague, pleine de nostalgie, d'hubris et de volonté de revanche, qui a porté Donald Trump au pouvoir ou gonfle aujourd'hui les voiles de Matteo Salvini ou de Marine Le Pen.

Le spectacle insane donné par les banlieues contribue à hystériser une partie non négligeable des Français. Certes, c'est devenu une habitude : que voulez-vous, il faut bien que jeunesse passe et s'amuse. A intervalles réguliers, des émeutes de jeunes viennent donc ravager des quartiers de la périphérie. Pour un peu, on se croirait dans le Gotham de *Joker*, film inspiré, superbe et prophétique où des insurgés portant des masques de clown cassent tout en rigolant. Vu d'en haut, à Paris, ce n'est rien de grave, une façon comme une autre de courir la prétentaine. Vu d'en bas, c'est différent.

« Quelle belle chose, la jeunesse ! s'amusait le dramaturge George Bernard Shaw. Quel crime de la laisser gâcher par les jeunes ! » Ce n'est pas un hasard si, à Béziers, à

Chanteloup-les-Vignes ou ailleurs, ce sont à des symboles de la République que les émeutiers se sont attaqués : la police, bien sûr, mais aussi les pompiers, l'éducation, la culture. Ici, c'est une école qui est incendiée. Là, un chapiteau où les élèves étaient initiés aux arts de la scène et du cirque. Dans le tout-Etat, la sidération a vite fait place à l'évitement. La France d'en haut n'écoute que son courage qui lui dit de toujours mettre un mouchoir sur les mauvaises nouvelles. Et ne parlons pas des profanations ou dégradations d'églises (877 l'an dernier), c'est péché.

Tels sont les effets du nihilisme et de l'épuisement des valeurs. Hormis Jean-Michel Blanquer et deux ou trois autres, personne, au sommet de l'Etat, n'a vraiment pris la mesure de ces tragédies locales à répétition qui vont encore creuser le fossé entre les « élites » et la France périphérique tout en poussant les feux, si j'ose dire, du Rassemblement national. Car ça roule pour lui. D'où le changement de pied d'Emmanuel Macron sur l'immigration, loin de ses positions passées, plus à l'écoute de l'opinion. Le lui reprocher est absurde, sinon criminel.

C'est pourtant ce que font tous les « idiots utiles » du RN, bien-pensants, islamo-gauchistes ou indigénistes, qui tentent depuis longtemps d'empêcher toute forme de débat sur l'immigration, dossier qui croule sous les tabous, les interdits, entretenant ainsi fantasmes et complotisme. Circulez, y a rien à voir, hurlent d'une même voix ces professionnels du terrorisme intellectuel avant d'accuser Emmanuel Macron de « faire le jeu » de Marine Le Pen dont ils sont, cela crève les yeux, les alliés objectifs.

Autant de gugusses qui manifesteront ce dimanche, sur le mode victimaire et religieux, contre l'islamophobie, présentée comme le nouveau fléau du siècle alors que les actes antimusulmans étaient en baisse l'an dernier (100 contre 121 l'année précédente) et que les actes antisémites étaient, eux, en forte hausse (541 contre 311, + 74 %), les actes antichrétiens restant stables à 1 063. Telle est cette gauche ou ce qu'il reste aujourd'hui : bigote, aveugle au monde, enfermée dans ses préjugés, fascinée par le totalitarisme islamique comme elle le fut hier par le totalitarisme communiste, rappelle l'historien Jacques Julliard.

Elle n'est plus seulement le marchepied de l'islamisme, mais aussi celui du lepénisme.

Le 7 novembre 2019

Sarkozy, le retour ?

« Emmanuel Macron sera réélu à la présidence parce qu'il n'y a personne en face. » Alors qu'il peut se targuer de bons sondages, c'est une phrase que l'on entend de plus en plus et dont l'ineptie ne fait aucun doute quand on prend la peine de regarder l'histoire récente.

Souvenez-vous : il y a quatre ans, avant la dernière présidentielle, c'était le candidat de la droite qui devait l'emporter. Aux Etats-Unis, à la même époque, tous les augures se retrouvaient Gros-Jean comme devant après avoir prédit la victoire de Hillary Clinton contre un candidat loufoque, Donald Trump.

Notre prochaine présidentielle se déroulera dans peu de

temps, un an et demi, mais c'est un siècle si l'on songe que la France est aujourd'hui confrontée à trois crises systémiques. Comment imaginer qu'elle restera paisible dans les prochains mois alors qu'il lui faudra les affronter de concert ?

1. La crise sanitaire, qui n'est pas terminée et aura révélé la déplorable gestion de notre système de santé, sa suradministration et les délires de notre bureaucratie. 2. La crise économique, dont les dégâts frapperont toutes les catégories sociales du secteur privé, malgré les amortisseurs mis en place par le gouvernement. 3. La crise sécuritaire et même identitaire que provoque un islamisme de plus en plus conquérant, frénétique. Elle ne fait que commencer quand un Erdogan entend continuer à avancer ses pions en Europe. Ça promet...

Sans jouer les prophètes de malheur, autant dire que tout sera possible, dans ce climat, à commencer par l'élection de Marine Le Pen, la candidate qu'Emmanuel Macron espère tant affronter au deuxième tour parce qu'il croit qu'il la battra à tous les coups. Comme en biochimie, un précipité peut se former à tout moment. On n'est sans doute pas au bout de nos surprises, mais impressionnant aura déjà été le rebondissement qui remet Nicolas Sarkozy en selle après le dernier épisode de l'incroyable affaire libyenne qui, à en croire ses promoteurs, devait l'abattre à jamais.

C'est une galéjade, indigne d'une démocratie comme la nôtre, après que des Pieds nickelés de Mediapart se sont acoquinés avec des magistrats pour nous servir une histoire à dormir debout : pour sa campagne présidentielle de 2007, Nicolas Sarkozy aurait reçu 50 millions dans une première version, puis 5 (bientôt 50 euros ?) du colonel Kadhafi, le dictateur libyen contre lequel il allait faire la guerre que l'on sait, sans que celui-ci ait alors pris la peine de le dénoncer, ce qu'il n'aurait pas manqué de le faire si cela avait été le cas. Pour charger la barque, on a même trouvé un vrai-faux virement à un ancien proche, comme si ce mode de transaction était utilisé pour les financements occultes ! Fariboles !

Un peu de jugeote suffit à vous convaincre que ce synopsis à la *OSS 117* façon Dujardin ne tient pas la route. Aveuglée par la haine, la meute médiatico-judiciaire a pourtant gobé les calembredaines de Ziad Takieddine qui disait avoir convoyé trois valises de billets entre 2006 et 2007, avant de se rétracter totalement dans les colonnes de *Paris Match*, la semaine dernière. Il aurait accusé Sarkozy, dit-il, pour faire plaisir aux juges qui voulaient « détruire » l'ancien président.

Au lieu de s'interroger sur elle-même, la meute mediapartiste a aussitôt disqualifié le témoin, un « intermédiaire » professionnel, alors qu'auparavant elle prenait ses propos pour argent comptant. N'ayant jamais ménagé l'ancien chef de l'Etat, l'auteur de ces lignes ne peut être suspecté de sarkozysme. Il n'en est que plus à l'aise pour dénoncer l'abjection de cette opération de basse politique qui a déjà valu à l'ancien président – alors qu'après sept ans d'enquête les preuves se font toujours attendre – quarante-quatre heures d'interrogatoire et une mise en examen pour « corruption » et « association de malfaiteurs ». Sans compter tous les moyens déployés.

O juges, qu'avez-vous fait de la justice ? Faut-il souhaiter qu'elle passe, selon la formule consacrée, quand elle est à ce point politisée ? Elle ressemble de plus en plus à celle des procès de Moscou : c'est à l'accusé d'apporter les preuves de son innocence. Pour faire taire l'ancien président, elle sera sans doute tentée de lui infliger une peine d'inéligibilité, mais il n'est pas douteux qu'avec son acharnement elle a réveillé la bête politique : si Macron flanche, Nicolas Sarkozy, qui n'a rien perdu de son charisme, pourrait bien se présenter en 2022. Il en a envie, ça se voit comme le nez au milieu de la figure, en dépit de toutes ses dénégations.

Nicolas Sarkozy n'est pas le seul à pouvoir déjouer le pari quasi consensuel sur la réélection « pliée » d'Emmanuel Macron. La France penchant à droite, Xavier Bertrand et Valérie Pécresse ont tous deux des chances, même si, en profitant des divisions de l'autre camp, Anne Hidalgo et François Hollande pourraient aussi déjouer les pronostics. En attendant, comme l'a dit un philosophe du XXe siècle, ce qui s'applique au pays comme à nous tous, nous avons « l'avenir devant nous » et nous l'aurons « dans le dos » chaque fois que nous ferons « demi-tour » (Pierre Dac).

Le 19 novembre 2020

Marine Le Pen, comme une mer qui monte…

L'extrême droite française est-elle aux portes du pouvoir ? C'est une rumeur qui enfle depuis qu'un sondage clandestin Harris Interactive, révélé par le magazine *Challenge*, a montré que, dans un second tour à la prochaine présidentielle, Emmanuel Macron et Marine Le Pen seraient au coude-à-coude, 52 % pour le premier, contre 48 % pour l'autre. Bonjour le suspense, quand on sait que la marge d'erreur est de deux points.

Méfiez-vous de l'eau qui dort. S'il ne faut jamais prendre pour argent comptant un sondage de second tour réalisé avant le premier, surtout à quatorze mois du scrutin, l'actuelle sérénité de la douce France, en liberté conditionnelle depuis un an, est très trompeuse. Il y a quelque chose d'électrique sous son apparence mollasse et plusieurs crises éclateront à coup sûr quand, déconfinée, elle pourra enfin retrouver l'air libre. Avec les dégâts économiques, sociaux, psychologiques, qu'aura laissés le coronavirus derrière lui, il est peu probable que le pays reprenne tranquillement sa vie d'avant.

M. Macron n'a pas encore gagné la présidentielle, notamment à cause de la gestion calamiteuse de la crise sanitaire, puis des vaccinations, qu'il pourrait finir par payer. Si la France figure parmi les bons élèves en matière d'injections pour la classe d'âge des 70-79 ans, elle est à la traîne pour toutes les autres catégories, y compris les plus de 80 ans. Et, soit dit en passant, si nous manquons si cruellement de vaccins, pourquoi nous priver, pour des raisons purement idéologiques, du Spoutnik russe ?

Tout sera possible lors de l'élection présidentielle de 2022, à cause aussi de la radicalisation d'une gauche sans boussole, de plus en plus islamo-gauchiste, obsédée par les « lois liberticides » ou les « violences policières », qui, contrairement à ce qui s'est passé naguère, ne jouerait plus la stratégie du front républicain pour faire barrage au Rassemblement national. Macron-Le Pen, pour reprendre la formule d'un stalinien d'antan, ce serait « blanc bonnet, bonnet blanc ». A la présidentielle de 2017, Jean-Luc Mélenchon, tout en indiquant qu'il ne voterait pas pour Marine Le Pen, avait déjà refusé de donner des consignes de vote.

Par l'odeur du pouvoir alléchée, Mme Le Pen multiplie les aggiornamentos, comme son collègue italien Matteo Salvini, qui vient de se convertir à l'Europe. Il n'est de semaine où la présidente du Rassemblement national ne jette un nouveau totem par-dessus bord. Après s'être ralliée à l'euro, la voici qui publie, dans le quotidien *L'Opinion*[1], une tribune tout à fait sensée sur la dette qui « doit être remboursée » : quand « un Etat souverain fait appel à une source de financement extérieure », il faut, dit-elle, que sa parole soit « d'airain ». « Qui paie ses dettes s'enrichit », ajoute-t-elle. La dette, voilà l'autre mer qui monte.

L*a France peut-elle tenir encore longtemps ?* Le titre du nouveau livre d'Agnès Verdier-Molinié[2] pose la question qui, aujourd'hui, inquiète. Notre niveau d'endettement (plus de 120 % de la richesse nationale) en dit long sur notre délitement. La mère patrie de l'idéologie du déni, où les promesses électorales n'engagent que ceux qui les reçoivent, ne pourra pas continuer longtemps à tromper son monde. « La crise n'est pas derrière nous, dit l'auteure. Elle est devant nous. »

Nous nous sommes fracassés sur le mur de la dette, mais nous ne le savons pas encore. L'alarme sonnera lors de la campagne de 2022, quand s'affronteront les pires

---

1. *L'Opinion*, le 21 février 2021.
2. Albin Michel, 2021.

démagogues. Les fumistes du concours Lépine des impôts « antiriches » les plus foireux. Les jean-foutre de l'annulation de la dette qui ne réussiraient qu'à provoquer un chaos financier, en déchaînant les taux d'intérêt. Les Bisounours de la dette « perpétuelle », nouvelle assurance-bonheur, qui, eux, jouent du violon sur le *Titanic.*

Il y a une sainte colère dans le livre lumineux et enlevé d'Agnès Verdier-Molinié. Mais d'où vient qu'il ne nous plonge pas dans une sombre dépression, comme tant d'essais économiques, ces temps-ci ? Parce que ses solutions pour « sauver » ce pays ne sont pas irréalistes. Obsédée à juste titre par la désindustrialisation de la France, symbolisée par la pénurie de masques l'an dernier, Agnès Verdier-Molinié montre que l'on peut tout à la fois réindustrialiser le pays et le désendetter, à condition de diminuer les dépenses, comme l'incroyable surcoût de l'administration à la française (84 milliards d'euros !). Il suffit de le vouloir.

C'est tout le contraire du programme de Marine Le Pen, qui promet, entre autres, le retour de la retraite à 60 ans. C'est aussi tout ce que n'a pas fait Emmanuel Macron depuis quatre ans. Il avait, il est vrai, quelques excuses.

Le 4 mars 2021

A quoi sert encore Marine Le Pen ?

Les civilisations meurent, les partis politiques aussi. Après les résultats désastreux des régionales que le fort taux d'abstention (64,3 % au second tour) interdit de surinterpréter, il est quand même permis de se demander si le Rassemblement national (RN) n'est pas entré en déclin.

Certes, Marine Le Pen a marqué des points, ces dernières années. Elle s'est normalisée et présidentialisée, au point d'incarner, à différents moments, comme après la décapitation de Samuel Paty, un sens certain du régalien, en disant les mots qu'il fallait. Mais c'est peut-être cette stratégie, fondée sur la banalisation, qu'elle est en train de payer aujourd'hui.

Alors que son père réveillait les mauvais instincts du peuple français, la fille a pris le contre-pied, en envoyant par exemple au rebut la célèbre flamme tricolore du Front national, calquée sur celle du MSI, parti fasciste italien fondé en 1946. Ça rappelait trop de mauvais souvenirs. A la grosse caisse paternelle elle préférait le pipeau, le parapluie, le robinet d'eau tiède.

Son programme économique, un décalque du projet socialiste de 1981, annonçait des lendemains qui déchanteraient. On pouvait penser qu'en se convertissant à l'euro, elle commencerait à être éligible. A l'approche de 2022, alors que les planètes semblaient s'aligner pour elle, la présidente du RN décida de copier la vieille stratégie de la droite parlementaire, c'est-à-dire de ne rien dire ou presque, voire de raser les murs, ce qui avait naguère réussi à Chirac avant sa prise de pouvoir. Plus lisse, tu meurs ! Mauvaise pioche : aux régionales, les électeurs ont préféré l'original, qui lui-même était devenu moins consensuel qu'elle.

La décomposition de LR a finalement été l'un des grands atouts de la droite parlementaire, qui, comme libérée, est revenue à ses fondamentaux pendant la campagne des régionales. Jusqu'à présent, les médias bien-pensants l'accusaient à tout bout de champ de singer ou de faire le jeu du RN : il suffisait qu'un contrevenant sorte des clous du conformisme mou, la doxa nationale, pour être traité de toutes sortes de noms d'oiseaux par la police idéologique, avant de rentrer piteusement dans le rang. Tels étaient les effets du terrorisme intellectuel.

Si la droite a pu sortir du piège, elle le doit à ce qu'on peut appeler la « gauche folle », qui, en sombrant dans le communautarisme, l'islamo-gauchisme, l'obsession anti-policière, est devenue un épouvantail pour beaucoup de Français, comme le montre le fiasco des « escrologistes » et de La France insoumise aux régionales. Ces Machiavel de poche qui ont abandonné le terrain social piétinent l'héritage de leurs ancêtres : le travail, la laïcité, l'esprit public. Sans parler de la République, qu'ils conchient. Ils ont avec eux beaucoup de médias, mais il leur manque tout le reste, à commencer par le bon sens ou le contact avec le peuple.

Les petites frappes du progressisme auront finalement été les faire-valoir de Valérie Pécresse, Xavier Bertrand ou Laurent Wauquiez, qui, grâce à eux et à leur déni, ont pu s'emparer à loisir, pendant leur campagne, des sujets qui fâchent : la sécurité, l'immigration, la perte de l'autorité, etc. Les socialistes qui ont refusé de pactiser avec l'engeance ultra ont pareillement fait un tabac : ainsi Carole Delga, ancienne ministre de Hollande et présidente sortante d'Occitanie, qui a été la mieux réélue, avec 57,8 % des suffrages !

Les gouapes de la gauche dévoyée n'ont rien trouvé de mieux que de hurler au « clientélisme » pour expliquer le score du LR Laurent Wauquiez, tête d'une liste qui, elle aussi, a été bien réélue : 55,1 %. C'est bien la preuve que tous ces combinards du Grand Soir sont hors sol, sinon hors-jeu, même si, par Dieu sait quelle complaisance, ils occupent toujours le devant de la scène. Ils pouvaient espérer qu'une victoire de Marine Le Pen leur permettrait de ressusciter en accusant les divisions des Français. Las ! ce n'est plus si certain, la droite ayant embarqué, peut-être pour longtemps, pas mal d'électeurs du RN.

Cette gauche de songe-creux, sans valeur ni repère, a-t-elle fait son temps ? Sa survie dépendra de l'avenir du RN, auquel elle s'était associée, pour le pire, comme l'avers à l'envers. En attendant, puisse 2022 réconcilier le pays avec lui-même, avec son histoire et avec l'Etat. Une des grandes plumes du XXe siècle a écrit à propos du principal défi de son temps : « On ne gouverne pas, on ne tient pas dans l'ordre un peuple que le seul mot d'Etat fait vomir. » C'était Georges Bernanos dans *Nous autres Français,* en 1939.

Le 1er juillet 2021

3.

LA NOUVELLE INQUISITION

Le président a mal aux genoux

Il y a près d'un demi-siècle, à Moscou, l'un des pontes du Parti communiste d'URSS déclarait à l'auteur de ces lignes, qui disait avoir vu des prostituées en bas de son hôtel : « C'est impossible. Il n'y a pas de prostituées en Union soviétique.

– Je n'ai pas la berlue. Venez vérifier avec moi.

– C'est inutile. Le communisme a mis fin à la prostitution. »

Le propre du totalitarisme est son rapport très aléatoire avec la vérité, qu'il écrabouille sans complexe. Ces derniers jours, des flopées d'universitaires et d'intellectuels nous ont bombardés de pétitions contre Frédérique Vidal, ministre de l'Enseignement supérieur, qui s'était alarmée de la montée de l'islamo-gauchisme. Cette réalité n'existait pas, voyons, et les accusations ministérielles leur rappelaient, les pauvres chats, « les heures les plus sombres de notre Histoire », pour reprendre la terminologie horrifiante du *Monde*, leur *JO*, défense de rire.

L'islamo-gauchisme est cette maladie sénile que continuent de nier avec une belle constance tous ceux qui en sont atteints, à l'université comme dans les médias. Autant dire qu'ils n'ont pas trouvé le temps de protester contre la campagne menée par des syndicalistes étudiants de l'IEP de Grenoble contre deux professeurs accusés d'islamophobie, dont les noms ont été placardés sur les murs, à la manière des dazibaos maoïstes, en attendant, on l'imagine, de les faire passer devant un tribunal populaire ou chariatique.

Le grand tort d'un des enseignants de Grenoble : avoir été choqué que soient mis sur le même plan, dans l'intitulé d'un groupe de travail, les mots « racisme, islamophobie, antisémitisme ». De plus, souvent accolés, les deux derniers termes correspondent à la stratégie des Frères musulmans consistant à victimiser la communauté musulmane et à interdire toute forme de critique de l'islam, fût-il daechien. Leur théorème repris par les médias qui leur sont proches : « Tous les Arabes sont musulmans et tous les musulmans sont islamistes, donc les anti-islamistes sont racistes. » Les musulmans seraient même, à les croire, les parias de l'Occident, les nouveaux juifs...

L'incitation à la bigoterie, dès lors qu'elle est musulmane, est-elle en train de devenir la règle en France ? Le « crime » impardonnable de ce professeur aura été d'avoir écrit, dans un mail frappé au coin du bon sens, que « l'immense majorité des cas de discriminations des musulmans aujourd'hui (et ces cas de discriminations existent, évidemment !) n'a que peu ou pas de rapport avec la religion, mais relève du racisme pur et simple ». Une vérité scandaleuse, même s'il y a eu dans notre pays, en 2019, 687 faits à caractère antisémite (+ 27 % par rapport à l'année précédente), contre seulement 154 faits antimusulmans, alors que les musulmans sont bien plus nombreux que les juifs.

Tous les musulmans sont des victimes, c'est Edwy (Plenel) qui l'a dit. Sur les affiches contre leurs professeurs, traités de « fascistes, » les étudiants ont écrit : « L'islamophobie tue. » Nous y voilà. Ce qui est à l'œuvre, à Grenoble ou ailleurs, c'est bien une entreprise totalitaire qui utilise le mensonge et la terreur intellectuelle, alors que l'antisémitisme tue beaucoup en France, notamment des enfants, ce qui n'est pas le cas jusqu'à nouvel ordre de l'islamophobie. Depuis 2012, notre pays est celui qui, en Occident, a connu le plus d'attentats, et les juifs ont payé très cher à Toulouse, à l'Hyper Cacher, etc. Mais les islamo-gauchistes, qui refusent d'entendre parler de la Shoah, ne les comptabilisent pas. Sont-ce déjà des *Untermenschen* (« sous-hommes »), comme au temps du nazisme ?

Le négationnisme est en marche, rien ne l'arrêtera. L'exemple de Grenoble montre bien que, sur ce plan aussi, il y a le feu dans la maison France. « Son problème, c'est le peuple », disait Pompidou de Giscard. Le problème de Macron, c'est le peuple mais aussi le régalien. Sans doute a-t-il mal aux rotules si l'on compte tout le temps qu'il a passé à genoux, pendant son quinquennat, pour se faire pardonner par l'Algérie, avec le succès que l'on sait, les « crimes contre l'humanité » commis par la France.

Que la France reconnaisse la violence de sa colonisation de l'Algérie, soit. Encore qu'un minimum de culture historique aurait permis au président de savoir qu'elle intervenait après une autre colonisation de cette terre qui, à l'origine, était berbère : celle des Arabes, au VIIe siècle de notre ère, qui n'avait pas été non plus une partie de plaisir. Au lieu de donner sans cesse des gages aux décoloniaux et aux indigènes de la République, M. Macron serait bien inspiré de lire notre grand Jules Michelet national, qui célébrait la France comme une « personne. »

On ne gouverne pas à genoux.

Le 11 mars 2021

Faut-il avoir peur d'Eurabia, l'Europe islamique ?

La radicalisation islamique est en marche dans plusieurs secteurs de la société. Peut-on encore l'arrêter ? Le sujet est tabou, mais voilà qu'une mission parlementaire d'information dont le rapport est publié ces jours-ci a décidé de voir de plus près ce qui se passe dans nos services publics. Gageons que ce ne sera pas triste.

A l'image de leurs « élites », les Français ont souvent fini par s'habituer au pire et à laisser pisser le mérinos, expression faisant référence aux conducteurs d'attelage qui, jadis, laissaient leurs animaux faire leurs besoins à l'arrêt. Les plus à plaindre, dans cette histoire, sont les lanceurs d'alerte, qui ont été systématiquement bâillonnés, ostracisés, calomniés.

L'islam est-il soluble dans la République ? Au début du nouveau millénaire, la grande mode, à la télévision publique, était d'organiser des débats culturels sur ce thème. Bien entendu, la réponse était toujours oui. D'autant que la France manquait cruellement de main-d'œuvre non qualifiée. Il n'était pas question de se priver de bras sur les chantiers, dans les usines. Le capitalisme avait faim de travailleurs comme la chaudière a besoin de charbon.

La République est-elle soluble dans l'islamisme ? Depuis l'an 2000, comme si des siècles avaient passé, la question a changé de nature et force est de constater que, dans ses territoires perdus, zones de non-droit, l'Etat est marginalisé, ridiculisé, à la ramasse. Il y a aujourd'hui près de 500 « cités sensibles » où sont régulièrement bafouées les lois, à commencer par l'interdiction du port du voile intégral. Ces quartiers sont le plus souvent tenus par des salafistes plus ou moins radicaux qui y règnent en maîtres après Dieu et peuvent à peu près tout dire, tout faire, sans jamais être inquiétés.

Comment avons-nous pu laisser faire ça ? Par lâcheté, faiblesse ou idéologie – l'idéologie mortifère des bien-pensants, confits dans la haine de soi, les schémas victimaires et les discours prémâchés. Une chape de plomb est tombée sur notre pays et les esprits libres comme l'historien Georges Bensoussan : après avoir dirigé *Les Territoires perdus de la République*[1], ouvrage collectif et prophétique, paru en 2002, il fut accusé par la police de la pensée de propager des idées « nauséabondes ».

Le cas de Bat Ye'or, un nom de plume, est édifiant. Auteure du *Dernier Khamsin des juifs d'Egypte*[2], qui vient de paraître, elle a été mêmement traînée dans la boue.

1. Mille et une nuits, puis Pluriel.
2. Les Provinciales.

Pour n'être pas d'accord avec toutes ses thèses, on n'en est que plus révolté par les procès en sorcellerie sans cesse instruits contre elle, au point que sa fiche Wikipédia présente sans vergogne cette universitaire (dont un livre a été préfacé, excusez du peu, par le grand penseur Jacques Ellul) comme une... « conspirationniste ». A croire que ce serait l'une de ses activités principales ! Dans le genre essayiste maudit, on ne fait pas mieux aujourd'hui.

Le premier crime de Bat Ye'or est d'être née en Egypte, d'où elle a été chassée en 1956 par les lois d'exception édictées par Nasser contre les juifs. Dans *Le Dernier Khamsin des juifs d'Egypte*, superbe roman de sa jeunesse écorchée vive, elle raconte comment les siens ont été dépossédés de tout, de leurs droits, de leurs biens, de leurs métiers, pour être soumis aux vexations, aux lynchages, aux crachats. Vieille de 2 600 ans, la communauté juive d'Egypte fut subitement effacée, condamnée à l'exil, dans une indifférence quasi générale, avec la bénédiction des bonnes consciences tiers-mondistes.

Son deuxième crime est d'avoir forgé le concept de « dhimmitude » et démoli, pièces à l'appui, le mythe d'une harmonie millénaire entre les différentes communautés en terre d'islam. Le *dhimmi*, c'est-à-dire le non-musulman, est une sorte d'*Untermensch*, comme on disait sous le IIIe Reich. Il doit porter des signes distinctifs, payer l'impôt de la « soumission », circuler sur un âne, jamais à cheval, etc. Dans plusieurs classiques savants, régulièrement réédités, Bat Ye'or a décrit l'oppression des minorités autochtones, juives ou chrétiennes, donc préislamiques, dans les pays musulmans et mis au jour le processus d'islamisation des sociétés.

L'heure n'est ni à la déconstruction ni aux Cassandre.

Quand Bat Ye'or a parlé d'Eurabia, « projet » de colonisation de l'Europe par l'islam, sur fond de pétainisme, les foudres se sont déchaînées contre elle[1]. Non, madame, rien n'est jamais écrit d'avance. Puisse le pouvoir en finir avec la somnolence ou la résignation et tirer les leçons de cette mission parlementaire d'information sur la radicalisation.

Le 20 juin 2019

Mediapart, roi de la pantalonnade

A l'heure où les « rires » affreux des hyènes couvrent de plus en plus souvent les appels à la raison, que sommes-nous en train de faire de notre démocratie ? N'est-il pas temps, à ce stade de décrépitude, de chercher les moyens de nous ressaisir enfin ?

France, prends garde à toi, tout fout le camp. Ton esprit critique, ton bon sens aussi. Dans une proposition de loi contre la cyberhaine, la députée macroniste Laetitia Avia venait de glisser subrepticement l'interdiction du blasphème (à l'encontre de l'islam exclusivement), une revendication traditionnelle des Frères musulmans. On se frottait les yeux quand est tombée, soudain, avec les « révélations » de Mediapart, la grotesque vraie-fausse affaire de Rugy qui, pendant plusieurs jours, a tout balayé et fait le miel des médias.

1. Cf. son *Autobiographie politique. De la découverte du dhimmi à Eurabia*, Les Provinciales, 2018.

Quand la machine à détruire est lancée, rien ne l'arrête. On appelle ça de l'« investigation ». Elle a écrabouillé sans pitié M. de Rugy alors que, selon les rapports effectués sur ces présumées exactions, il est à peu près aussi innocent que l'agneau qui vient de naître. S'il n'était pas inspiré de les donner, les dîners prétendument fastueux de l'hôtel de Lassay étaient légaux, tout comme restaient dans les clous, plus tard, les travaux effectués dans son domicile de fonction au ministère de la Transition écologique. RAS. En moins de temps qu'il n'en faut pour le dire, il a pourtant été éliminé du paysage. Tels sont les effets de la « justice » à la Mediapart, héritière de celle des Robespierre et Fouquier-Tinville : le prévenu n'a pas le droit de se défendre, il est emmené sur-le-champ à l'échafaud.

Poids plume de la politique, M. de Rugy, qui n'est certes pas un aigle, n'a pas pu résister à la pression. Que va-t-il se passer maintenant ? N'attendez pas des excuses des procureurs de Mediapart qui ont pilonné jusqu'à sa chute l'ancien numéro deux du gouvernement. Au contraire, ils continueront de se rengorger avec un cynisme éhonté devant leur confrérie en pâmoison. Que voulez-vous, ils ont toujours raison, même quand les faits leur donnent tort. Pourquoi se mettre martel en tête ? Ça clique, ça fait du chiffre, coco, surtout quand on feuilletonne les « scoops ».

A priori, nous devrions saluer le travail de Mediapart, qui, comme nous, considère que la quintessence du journalisme consiste à mettre en lumière les informations qu'on voulait nous cacher. Mais ce qui nous choque souvent chez ces confrères, c'est le culte de l'enquête à charge, le travail bâclé, les partis pris, une certaine amoralité (au nom de la morale), l'incapacité à se contredire ou à s'excuser. Ils justifient les préventions antijournalistes de l'humoriste et dramaturge George Bernard Shaw, qui disait qu'un organe de presse est « une institution incapable de faire la différence entre un accident de bicyclette et l'effondrement de la civilisation ».

Mediapart n'est pas à une pantalonnade près. Dans l'affaire de l'arbitrage prétendument frauduleux qui était censé trancher le conflit entre Bernard Tapie[1] et le Crédit lyonnais, la crédibilité du site a reçu un rude coup quand la 11e chambre du tribunal correctionnel de Paris, présidée par une magistrate très respectée, Christine Mée, a décidé de relaxer l'homme d'affaires contre qui cinq ans de prison étaient requis. Un jugement en 246 pages qui a établi qu'il n'y avait rien dans le dossier de l'accusation, une vaste fumisterie. « Une claque monumentale contre le parquet de Paris », a résumé le quotidien *Libération*. Une claque aussi contre Mediapart, son sicaire, qui avait entraîné beaucoup de médias dans son combat douteux.

Pardon de le dire, c'est un crime de lèse-confraternité, mais l'enquête libyenne menée par le Pôle financier contre Nicolas Sarkozy est également bien partie pour finir en fiasco : elle aussi aura été mise en scène par Mediapart, qui semble toujours partie prenante de ce pôle ou du

1. Certes, direz-vous, l'auteur de ces lignes est depuis 2017 directeur éditorial de *La Provence*, dont Bernard Tapie est l'actionnaire principal. Mais il mettait en pièces les accusations contre l'arbitrage dit frauduleux dès le 28 février 2015, dans un article du *Point*, à partir d'une question simple : comment deux figures morales, juristes de haute volée, comme Jean-Denis Bredin et Pierre Mazeaud, auraient-ils pu tremper dans une sombre histoire d'escroquerie en bande organisée ?

parquet national financier dont il est, avec *Le Monde*, le porte-parole officiel. Deux semaines de suite, des révélations d'Hervé Gattegno dans *Le Journal du dimanche* ont mis à mal les accusations de l'homme d'affaires Ziad Takieddine, qui prétend avoir remis, entre fin 2006 et début 2007, 5 millions d'euros en liquide, au nom de feu le dictateur Kadhafi, à l'ancien président mis en examen depuis l'an dernier pour « corruption passive ». Ne s'agit-il pas, là encore, d'une mystification médiatico-judiciaire ?

Mais ça n'empêchera pas de dormir M. Tournaire, le juge qui traque sans relâche M. Sarkozy, comme ça ne troublera pas les vacances de M. Plenel, l'ancien « tombeur » de Dominique Baudis et patron de Mediapart. Les deux hommes ont toujours bonne conscience, quoi qu'il arrive. Chapeau, les artistes !

Le 25 juillet 2019

Jacques Julliard, l'antidote à la bêtise césarienne

Les Français sont-ils racistes ? Aucun doute. Mais qui sont-ils pour oser l'ouvrir encore, ces ploucs colonialistes, laïques ou antigenre, fustigés comme jamais lors de la dernière cérémonie des Césars ? Qu'ils la ferment et qu'on n'en parle plus !

Au trou, les franchouillards, nostalgiques d'une culture qui doit disparaître sans attendre ! Ils n'avaient qu'à savoir que, dans notre société, on peut désormais être traîné à tout moment, pour un mot de travers, devant « le tribunal de répression des appartenances ». Sauf, bien sûr, « si l'on est immigré ».

« Aux fous ! » s'indigne Jacques Julliard dans ses *Carnets inédits, 1987-2020*[1], qui sortent en librairie. Devant le concours permanent et assourdissant de crétineries, le réflexe était jusqu'à présent de se réfugier chez Chateaubriand, Revel ou, pour en rire, chez Molière. Le Julliard est un nouvel antidote contre la bêtise ambiante. Oh ! qu'il fait du bien !

« Il est aussi absurde d'identifier les musulmans au djihadisme que les Français au colonialisme. » Plein de souvenirs, de trouvailles, de drôleries, le pavé de Jacques Julliard, l'enfant qu'auraient pu faire ensemble Georges Bernanos et la philosophe Simone Weil, contient beaucoup de formules « vénéneuses » de ce genre, frappées au coin du bon sens, lequel est considéré comme une maladie par les petites frappes de l'idéologie dominante. Comme ces « privilégiés » des Césars qui, l'autre soir, mordaient jusqu'au sang la main qui les subventionne souvent grassement.

Longtemps tête pensante de la CFDT, Jacques Julliard est un homme de gauche. Historien de l'anarcho-syndicalisme, c'est aussi un intellectuel. En somme, un intellectuel de gauche, catégorie qu'il ne faut pas, comme disait l'autre, laisser jouer avec des allumettes, sous peine de provoquer une déflagration et une boucherie.

Intellectuel de gauche, Jacques Julliard n'en est pas

1. *Carnets inédits, 1987-2020*, « Bouquins », Laffont, 2021.

moins d'une stupéfiante clairvoyance. C'est l'anti-Sartre, collabo professionnel, qui a commencé à « résister » à la Libération dans le comité d'épuration où il dénonçait ses anciens collègues planqués des années 1940, sous la tunique de protection du Parti communiste, avant de sombrer dans toutes les ganacheries mortifères de son temps, à commencer par le maoïsme (70 millions de morts !).

Jacques Julliard est un chien. Ami de la cause animale, émule de Brigitte Bardot, qui a émancipé les femmes avant de se battre bec et ongles pour les bêtes, il entre en effet dans la case définie par Sartre : « Tout anticommuniste est un chien. » Viscéralement antitotalitaire, il entend parler encore au nom de la gauche, même si elle a perdu ses repères et brisé les piliers sur lesquels elle s'arc-bouta pendant plus d'un siècle : la valeur travail, qu'elle a saccagée avec les 35 heures, et la laïcité, qu'elle piétine allègrement depuis qu'elle s'est convertie à la cafardise.

Jacques Julliard est catholique, autrement dit ontologiquement minoritaire, membre d'une « antireligion », nouveau « bastion du rationalisme », à l'intérieur de laquelle il se sent, de surcroît, marginal. Après avoir créé « plus de beauté que n'importe quelle religion », écrit-il, le christianisme continue de réenchanter le monde et refuse aujourd'hui, contrairement à l'islam, « la subordination au religieux et la soumission à Dieu ».

Jacques Julliard est patriote, ce qui ne l'empêche pas d'être aussi universaliste, deux épithètes en voie de criminalisation, et on aura tôt fait de le traiter de fasciste, pétainiste, raciste ou Dieu sait quoi encore, avant qu'un comité Théodule le frappe d'indignité nationale, tant ses *Carnets inédits* fourmillent de vérités qui sont des insultes à l'air du temps.

Jacques Julliard est un apostat, en tout cas considéré comme tel par une partie de son camp. C'est la troisième fois qu'on lui fait le coup, écrit-il. A l'Ecole normale, il n'était pas assez marxiste. Puis il lui fut reproché d'être totalement réfractaire au maoïsme. Aujourd'hui, les mêmes ou leurs enfants lui reprochent de ne pas céder à l'islamo-gauchisme et à l'injonction à la bigoterie. « Péguy, dit-il, n'a cessé de dénoncer les ravages provoqués par la peur de n'être pas assez à gauche. Des pions. Des cafards. Des menteurs. Des tartufes. »

S'il reste de gauche, anti-élitiste, anticolonialiste et partisan de l'école républicaine, Jacques Julliard ne peut se déprendre, au fil de ses *Carnets,* d'une inquiétude qui monte, pour cette France qu'il chante et chérit. Ne sommes-nous pas arrivés au bout du bout, c'est-à-dire en 1958, là où mènent les politiques du chien crevé au fil de l'eau ? Il n'est pas interdit de le penser. Sauf que, dans le délitement général, on a beau chercher, on ne voit pas vraiment le personnage qui, comme de Gaulle, il y a soixante-trois ans, pourrait nous tirer d'affaire.

Le 18 mars 2021

Après Trotski,
Plenel a une nouvelle idole : Marat !

Nos prétendues élites intellectuelles sont-elles devenues folles ? Alors que le coronavirus commence à plomber l'économie, ne sommes-nous pas tombés dans la phase agonique de la décadence, quand la société commence à se désintégrer ? Ces temps-ci, il flotte sur la France un parfum soufré, annonciateur de guerre civile.

Après l'effarante cérémonie des César, qui n'a pas fini de traumatiser le pays, on se frotte les yeux : voici qu'une supposée grande conscience des médias, Edwy Plenel, se range subrepticement derrière l'une des figures les plus abominables de la Révolution française, maboul avéré, le citoyen Marat spécialisé, entre autres, dans l'appel au meurtre.

Grand manitou autoproclamé du camp du Bien, Plenel publie régulièrement des livres laborieux qui lui permettent de tourner dans les médias pour faire la réclame de Mediapart, l'entreprise qu'il a créée et qui l'a bien enrichi. Leur principale qualité : quand elles vous tombent des mains, ces publications ne font pas mal au pied, tant elles sont petites, légères. Toujours sans surprise, elles distillent la même musiquette, celle de la vieille ultragauche.

Le sujet de son dernier pensum, *La Sauvegarde du peuple* (La Découverte), est une pseudo-enquête autour d'une phrase de Jean-Sylvain Bailly, astronome, mathématicien et maire de Paris (1789-1791), un révolutionnaire trop modéré pour ne pas finir guillotiné : « La publicité est la sauvegarde du peuple. » Traduire : il faut rendre public tout ce qui est de l'intérêt du peuple. Cette formule, c'est ce qu'il y a de mieux dans le livre où il apparaît vite que, dans la Révolution, Plenel préfère les ennemis de l'édile parisien, à commencer par Marat.

Révélation qui laisse pantois, au milieu de maintes digressions : le héros de tant de journalistes considère Marat comme un modèle. Brrr… Son originalité, écrit

Plenel, « est qu'il ne se contente pas de défendre le contre-pouvoir de la presse, la nécessité de ses vigilances et de ses défiances ». Notre libelliste est en pâmoison devant sa « théorie radicale de la démocratie comme lieu d'un conflit créateur », conflit dont il assume qu'il puisse « aller jusqu'à l'insurrection si ceux qui gouvernent se dérobent à sa vitalité ».

Face à une vision de la démocratie « qui la borne et la contient, la résumant et la réduisant à la légitimité de l'ordre issu du vote et des élections », Plenel adopte de toute évidence, pardonnez sa logomachie, la vision de Marat qui « l'étend et l'encourage, la stimulant et l'activant grâce aux désordres dynamiques d'un espace public pluraliste ». Et de citer le député montagnard qui publie un journal, *L'Ami du peuple* : « On voit la liberté sortir sans cesse des feux de la sédition. »

Le journalisme consistant souvent, comme dit l'humoriste, à parler de choses qu'on ne connaît ni ne comprend, Plenel n'a sans doute pas pris le temps de travailler sur la Révolution française. Mais il ne peut ignorer que Marat, « pasionaria » de l'insurrection, prêchait la haine et prônait les tueries ou les pillages, quand il ne contribuait pas à orchestrer des massacres, comme ceux de septembre 1792. C'est dans tous les livres d'Histoire.

Disciple de Rousseau, faux philosophe, scientifique bidon, mais ne doutant jamais de son génie, le monstrueux Marat est rongé par la haine et l'aigreur comme par des vers. Dans son chef-d'œuvre, *Les Origines de la France contemporaine*[1], Hippolyte Taine a tout dit sur cet

1. *Op. cit.*

histrion à la « logique de fou », qui souffre d'un délire de persécution et appelle sans arrêt le peuple à semer la mort. En septembre 1792, devant le conseil de la Commune, l'idole de Plenel estime à 40 000 le nombre de têtes qu'il faut abattre pour que la Révolution triomphe. Six semaines plus tard, l'abcès social ayant grossi, il considère qu'il faut tuer 170 000 personnes pour assurer la « tranquillité publique » et demande qu'on le charge de cette besogne.

Edwy Plenel n'a jamais cessé de célébrer la mémoire de Trotski, sa première idole : en 1918, quand il était le grand maître de l'Armée rouge, cet expert en terreur fut, comme l'a rappelé l'ami Etienne Gernelle[1], le sinistre concepteur du premier camp de concentration à la soviétique, préfiguration du Goulag, mouroir pour des millions de personnes (entre 10 et 20 millions) dont le grand tort était de penser mal. Mais bon, ça n'a jamais troublé la digestion de notre saint patron des médias, désormais converti aussi à Marat. Souvent plenellisés, nos chers confrères seront-ils maratisés dans la foulée ?

Pauvre presse ! Pauvre France !

Le 12 mars 2020

1. Cf. *Le Point*, le 15 novembre 2018.

Michel Onfray et les inquisiteurs

Il a suffi que Michel Onfray décide, avec Stéphane Simon, de lancer une revue, *Front populaire*, à forte connotation souverainiste, pour que se mette en route le rouleau compresseur des nouveaux censeurs, devenus mabouls.

Cette grande semaine pour la liberté de la presse et de l'esprit avait commencé avec un « avis », largement repris, d'un ridicule comité Théodule, le Conseil de déontologie journalistique, épinglant le manque d'impartialité d'Apolline de Malherbe lors d'une interview sur BFM-TV de l'avocat Juan Branco. Défense de rire. Dans ce pays, vous pouvez bousculer tout le monde sur les plateaux télé, notamment les ministres, mais surtout pas les histrions de l'ultragauche.

Ensuite, *Le Monde* a publié sur Michel Onfray une « enquête » à charge et à mourir de rire, un modèle du genre, qui le présente comme un fascistoïde lepénisant, voire antisémite, sous prétexte qu'il a embringué dans l'aventure de *Front populaire* plusieurs personnalités de la droite réactionnaire. Il « séduit les milieux d'extrême droite », titrent nos chers confrères horrifiés. Pour un peu, ils seraient prêts à invoquer les chambres à gaz et, selon leur phraséologie habituelle, les « heures les plus sombres de notre Histoire » : au secours, Hitler revient !

Pourquoi tant de haine ? Politiquement, l'auteur de ces lignes est, comme la plupart des lecteurs du *Point*, libéral et européen, donc peu sensible aux sirènes du souverainisme, sauf sur la santé, les cultures, les libertés. Et, comme tous les lecteurs de ce journal, il conçoit que l'on débatte, parfois vivement, quand on n'est pas d'accord, ce que nous faisons souvent avec Michel Onfray sur l'économie ou la politique, entre autres. Jusqu'à nouvel ordre, c'est, à nos yeux, l'une des raisons d'être de la presse. Pardon, c'était...

Apparemment, le débat est devenu une perte de temps, tout comme le cas de conscience. Inutile de se fatiguer avec le journalisme contradictoire et l'honnêteté la plus élémentaire qui consiste à donner la parole à celui que l'on cible, les auteurs de l'article du *Monde* ayant jeté à la poubelle presque toutes les réponses aux questions qu'ils avaient posées à Michel Onfray. Nous voici revenus au temps de la Terreur quand, après la loi du 22 prairial fomentée par ce grand démocrate de Robespierre, les « ennemis du peuple », présumés coupables, étaient privés d'avocats et que des preuves « morales » suffisaient pour les envoyer à l'échafaud !

L'heure est à la mise au pilori si l'on n'appartient pas à la « gauche » tendance *Le Monde*. Sûre d'elle et dominatrice, celle-ci s'est beaucoup trompée dans le passé, notamment sur le maoïsme (70 millions de morts), les Khmers rouges, autrefois célébrés par le quotidien, qui ont tué 20 % de la population du Cambodge, ou sur le Proche-Orient, où le journal est aveuglé par son exécration d'Israël. Sans parler de ses complaisances pour la pédophilie, qu'il défendait encore à la fin des années 1970. Le tout arrosé par de juteuses subventions et aides à la presse qui se chiffrent par millions !

On ne comprend pas que tant de personnes osent encore choisir un autre chemin que le sens unique, fixé par *Le Monde*, au risque de subir les clabaudages de ses petits chiens de berger qui se prennent pour des molosses.

Etre de cette gauche-là, c'est beaucoup mieux pour faire carrière, dans l'université, l'intelligentsia, les médias. C'est aussi plus confortable : on dort mieux, tous les péchés sont pardonnés puisqu'ils ont été commis pour la cause. Bonne conscience fait bon repos. Michel Onfray a raison d'évoquer « la totale impunité intellectuelle » de cette engeance amnésique, doublée d'une « formidable capacité à donner des leçons ». Que voulez-vous, elle est le Bien.

L'Inquisition est de toutes les époques. Elle a fleuri au temps du communisme triomphant, dans les années 1950, quand il était interdit de sortir des clous sous peine de mise à l'index. Elle revient aujourd'hui en force sous la forme d'une idéologie mainstream qui entend bétonner la pensée et punir les « dérapages ». Contrairement à Michel Onfray, nous n'inclurons pas, parmi ces porte-flingues, un journal pluriel comme *Libération*, souvent plus qu'injuste avec lui mais où tout est toujours possible, même les dissidences.

En attendant, pour se prémunir de toute mauvaise surprise dans cette période de chasse aux hérésies, on ne saurait trop conseiller la lecture du *Dictionnaire des inquisiteurs*[1] écrit à Valence, en 1494, par un notaire inquisitorial. « Celui qui a un livre mauvais ou contenant des erreurs, y lit-on, doit le jeter immédiatement au feu et le brûler ou le donner d'urgence à l'inquisiteur ou à l'évêque pour qu'ils le brûlent. » Sinon, on peut aussi s'adresser à nos chers confrères du *Monde*…

Le 28 mai 2020

1. Editions Galilée.

Liste de statues à déboulonner

Il fut un temps que les moins de 20 ans ne peuvent pas connaître où l'esprit critique était enseigné dans les lycées à travers la philosophie, considérée alors comme une matière fondamentale. Mais l'esprit critique n'est plus lieu d'être dans un monde en régression où chacun est censé penser et se comporter pareillement, comme les moutons de Panurge, moqués par Rabelais.

M. Macron n'a, hélas, pas sonné la fin du concours international de débilités quand il a déclaré, dimanche, que la République « ne déboulonnera pas de statue » et « n'effacera aucune trace ni aucun nom de son histoire ». L'inculture et le culte de la table rase, les deux mamelles du totalitarisme, sont trop puissants pour s'arrêter sur leur lancée.

Sus aux images, aux souvenirs du passé ! Nous revoici revenus à l'âge bête de la Révolution française, qui, avant de se reprendre sur le tard, avait institutionnalisé le vandalisme, au grand dam de l'abbé Grégoire. Têtes coupées, visages martelés, les stigmates de cette politique sont encore visibles sur maints monuments, quand ils n'étaient pas simplement mis en pièces : en 1793, la Convention ordonna l'éradication de tous les signes visuels qui pourraient rappeler l'Ancien Régime. Furent ainsi profanés ou détruits, dans cette frénésie purificatrice, les tombeaux de Saint-Denis ou les statues royales de Notre-Dame de Paris.

L'Histoire de France n'a pas été écrite à l'eau de rose. Certes, en tant que Français(e), on a honte que Colbert a pu écrire, pour le compte de Louis XIV, le fameux Code noir, qui définissait les esclaves des Antilles comme des « meubles », avec toutes les conséquences que l'on sait. Faut-il pour autant déboulonner les statues à son effigie ou débaptiser toutes les rues, places, salles qui portent son nom ? Si on entre dans ce cycle, on n'a pas fini de purger.

« Couvrez ce sein, que je ne saurais voir, dit le Tartuffe de Molière. Par de pareils objets les âmes sont blessées, et cela fait venir de coupables pensées. » Dans la foulée de Colbert, pourquoi ne pas profiter que les tractopelles de la vertu sont sorties pour déboulonner d'autres statues « nationales » ? Voici, pour montrer la stupidité des revendications de « racialistes », quelques propositions de démolition que la morale imposerait.

D'abord, déboulonnons Jean Jaurès. C'est le Zeus de la gauche, fondateur du journal *L'Humanité*, défenseur de la veuve, de l'orphelin et du syndicaliste, orateur génial, laïque mais un brin religieux, tout sauf sectaire, dont l'une des devises était : « Nous ne sommes pas tenus, pour rester dans le socialisme, de nous enfuir hors de l'humanité. » En 1898, avant de prendre la défense du capitaine Dreyfus, il déclarait, victime d'une rechute d'antisémitisme : « Nous savons bien que la race juive, concentrée, passionnée, subtile, toujours dévorée par une sorte de fièvre du gain (...) manie avec une particulière habileté le mécanisme capitaliste, mécanisme de rapine, de mensonge, de corset, d'extorsion. »

Ensuite, déboulonnons Jean-Jacques Rousseau. Philosophe du siècle des Lumières comme Voltaire ou Diderot, il fut aussi l'inspirateur de la Révolution française et, d'une certaine façon, du communisme soviétique. Convaincu que l'homme naissait bon, l'auteur du *Contrat social* et d'un traité d'éducation (*Emile*) n'a pas hésité à abandonner les cinq enfants que lui avait donnés sa concubine, la blanchisseuse Marie-Thérèse Levasseur, sous prétexte qu'elle n'aurait pas été capable de les élever. Ce pleurnichard avait la psyché de la gauche qui, plus tard, se reconnaîtra en lui : il voudrait qu'on le plaigne pour les crimes qu'il a commis.

Déboulonnons Victor Hugo. Notre « grand écrivain national », débauché notoire, obsédé de la chosette, coureur de guilledou et de bordels, a pu être accusé de ne pas cracher, parfois, sur les jeunes filles mineures. Avant les résultats de l'enquête qui s'impose et en vertu du principe de la présomption de culpabilité qui régit le pays, effaçons d'urgence toutes les traces du passage sur terre du divin auteur des *Misérables*. La morale a ses raisons que la raison ne connaît pas.

Déboulonnons aussi Balzac, le roi des mauvaises affaires, qui, en 1828, connut la faillite comme éditeur. Voilà des déboulonnages urgents comme le sont aussi les changements de nom des rues Robespierre, le massacreur de la Terreur, Bugeaud, le « conquérant » de l'Algérie, Karl Marx et consorts. Voilà un beau programme pour les années à venir. Après quoi, on se sentira plus propres et on pourra sûrement dormir tranquille.

Le 18 juin 2020

Le manuel de survie de Michel Onfray

Bonne nouvelle : Michel Onfray, le philosophe français le plus lu et le plus traduit dans le monde, est toujours en colère. Quelle belle chose qu'une saine et salubre colère quand elle s'en prend aux idées fausses, à la haine, à la bêtise ! Puisse-t-elle réveiller les morts-vivants que nous sommes, parfois, empégués dans le fatalisme ou l'indifférence ! N'y a-t-il pas sans cesse, ces jours-ci, des raisons de fulminer ?

Un festival de « fake news », voilà ainsi ce qu'est la couverture médiatique du nouveau conflit israélo-palestinien. Que l'Etat juif ait commis des erreurs, soit. Mais pourquoi tant de journalistes présentent-ils le Hamas, à l'offensive depuis la bande de Gaza, comme une organisation aussi innocente que l'agneau qui vient de naître, alors que c'est une machine de guerre islamiste, terroriste et corrompue jusqu'à la moelle, dont les chefs mènent grand train, notamment au Qatar ?

C'est ce type d'imposture idéologique que pourfend Onfray dans *L'Art d'être français*[1], qui vient de paraître et s'adresse aux jeunes de 7 à 77 ans, ou au-delà. Un régal. Dans le sillage de Nietzsche, l'ogre de Chambois (Orne) philosophe à coups de marteau et déconstruit sans pitié toutes les fausses idoles devant lesquelles la société française est priée de s'agenouiller : l'islamo-gauchisme, l'infantilisation, l'antifascisme, la déresponsabilisation, le néoféminisme, etc.

1. Cet essai et les deux suivants ont été publiés chez Bouquins.

Au pays de Rabelais et Montaigne, tout a rapidement basculé : le second degré voltairien n'est plus possible ; le marivaudage est interdit ; on est désormais coupable de ce que l'on est, pas de ce que l'on fait ; la raison cartésienne est devenue l'« instrument » de domination des mâles blancs ; l'heure est à la contrition nationale, au reniement des racines chrétiennes de la France, tandis que meurent à petit feu les vertus d'antan : la politesse, la bienveillance, le souci d'autrui.

Que nous est-il arrivé ? A en croire Michel Onfray, le judéo-christianisme a fait son temps et notre civilisation touche à sa fin. La glissade, apparue avec le « décadentisme », mouvement littéraire né autour de 1883, s'est accélérée à l'aube du XXIe siècle avec l'émergence d'une dévorante haine de soi que symbolise cette maladie sénile d'une France néocollabo qu'est l'islamo-gauchisme. Lequel est de gauche, direz-vous. Oui, comme l'était la Chambre du Front populaire qui a voté les pleins pouvoirs au maréchal Pétain à une large majorité des députés, dont beaucoup de socialistes (90 contre 36), emmenés par Paul Faure, chef de la gauche du parti !

Sartre fut, entre autres vilenies, le grand-père de l'islamo-gauchisme. La démonstration d'Onfray est sans appel : celui-ci, qui régna en maître après Dieu sur l'intelligentsia française de la Libération jusqu'à sa mort, en 1980, a fait « feu de tout bois pour que flambe l'Occident judéo-chrétien » et que « se calcine la France gaulliste qu'il assimile au fascisme ». En 1961, dans sa préface aux *Damnés de la terre,* de Frantz Fanon, il a même invité l'opprimé à « abattre un Européen », ça fera toujours un oppresseur de moins.

Sartre y laisse libre cours à sa passion de la violence et jette les bases des folies décoloniales à venir. « L'Européen, écrit-il encore, n'a pu se faire homme qu'en fabriquant des esclaves et des monstres. » Prophétique, il jouit et jubile à l'idée du Grand Remplacement qu'il pressent, alors que nous « faisons chemin vers l'indigénat », en attendant d'être chevauchés par le « colonialisme déchu ».

Assa Traoré, qui descendrait d'une famille esclavagiste malienne, n'héritera jamais des fautes de ses ancêtres s'il y en eut, alors que le premier Blanc venu, lui, sera coupable de toutes les traites négrières, quoi qu'aient fait ses aïeux, sous prétexte qu'elles avaient été perpétrées par les Blancs. Tel est le monde absurde dans lequel nous entrons. Tandis que sonne le glas, selon Onfray, de la civilisation judéo-chrétienne, *L'Art d'être français* est un manuel de survie et de résistance au politiquement correct, « catéchisme de cette nouvelle religion fascistoïde », portée par des tristes sires qui se disent progressistes.

Dans *La Nef des fous*, son journal de l'année 2020, sorti il y a peu, Michel Onfray défouraille, étripe et dézingue encore à tour de bras. Même si on n'est pas d'accord sur tout – comme dans *L'Art d'être français* –, il lui sera beaucoup pardonné à cause de sa vigueur, de sa générosité et de sa passion de la transmission, qui se déploient à merveille dans le gros volume intitulé *Vies philosophiques*, où sont évoquées les figures de Nietzsche, de Charlotte Corday, de Thoreau et, surtout, de Camus, qui est son maître. Camus qui disait : « Celui qui désespère des événements est un lâche, mais celui qui espère en la condition humaine est un fou. »

Le 20 mai 2021

4.

DIRIGER LES FRANÇAIS, QUELLE GALERE !

Pauvre France !

Si le très sérieux baron de Montesquieu revenait parmi nous pour écrire une nouvelle version des drolatiques *Lettres persanes*, publiées dans l'anonymat au début du XVIIIe siècle, que ne nous raconterait-il pas ? Il aurait de quoi faire : la France est toujours une usine à gaz, à tartufferies, à impostures, à fausses valeurs. Trois exemples.

Si le ridicule tuait, on n'ose se demander dans quel état seraient nos gouvernants qui, à droite comme à gauche, ont laissé se perpétuer l'une des lois les plus stupides jamais imaginées. A l'initiative de Mme Aubry, pasionaria des Courteline socialistes, la loi dite des 35 heures, censée créer des emplois, avec le « succès » que l'on sait, a limité le temps de travail en France et pas question d'y déroger.

Moins elle marche, plus les petits chefs de l'administration veillent à la faire appliquer, à la virgule près. En France, le ciel a tôt fait de vous tomber sur la tête si vous travaillez trop. C'est ce qui est arrivé à Cédric Vaivre, patron de la Boulangerie du lac à Lusigny-sur-

Barse, dans l'Aube. Au grand dam des habitants du coin, il vient d'être condamné à payer 3 000 euros d'amende pour avoir ouvert son commerce sept jours sur sept au cours de l'été dernier.

Peu chaut à la direction régionale du travail que la boutique de M. Vaivre soit située dans une zone touristique où les boulangeries se font de plus en plus rares. La loi est la loi, surtout si elle est débile. Après ce verdict sans ambiguïté, les amateurs de pain n'ont qu'à le faire eux-mêmes, à moins de le commander sur Amazon ou Congelé.com ! Il n'y a pas si longtemps, quatre boulangers des Landes avaient déjà été condamnés pour le même motif. Si on en cherchait, voilà bien un signe que quelque chose ne tourne pas rond dans notre pays suradministré.

« Arrêtez d'emmerder les Français ! » avait dit Georges Pompidou, alors Premier ministre, à un jeune collaborateur, un certain Jacques Chirac, venu lui apporter des piles de décrets à signer. « Il y a trop de lois, trop de textes, trop de règlements dans ce pays ! On en crève ! Laissez-les vivre un peu et vous verrez que tout ira mieux ! Foutez-leur la paix ! Il faut libérer ce pays. » Après Alain Juppé, Emmanuel Macron a repris récemment cette phrase à son compte. Acceptons-en l'augure.

Mais que nous arrive-t-il ? Edifiant aussi sur nos dérives actuelles est l'accueil plus que discret fait par nos chers confrères à une décision de justice, déboutant l'accusateur de Jean-Michel Di Falco, évêque émérite de Gap, l'une des grandes figures de l'Eglise de France, longtemps bras droit de Mgr Jean-Marie Lustiger. Plus de quarante ans après les faits supposés, ont été déclarées « irrecevables » car « prescrites » les demandes d'un homme qui accusait le religieux de l'avoir agressé sexuellement quand il était son chef d'établissement.

Des demandes « aussi invraisemblables qu'infondées et pécuniairement extrêmement importantes », a commenté l'avocat de Mgr Di Falco, tandis que celui du plaignant a fait part de son « incompréhension totale » devant le verdict du tribunal, dénonçant d'obscures « pressions » sur les magistrats. C'est la prescription qui a été retenue, aurait-il pu faire valoir. Soit. Mais l'accusateur a été condamné à payer au religieux l'ensemble des frais de justice, excusez du peu.

Salissez, salissez, il en restera toujours quelque chose. Mgr Di Falco a vécu un calvaire judiciaire, commencé en 2001, au pénal puis au civil, et quand le jugement tombe, les médias qui ont fait la une et tartiné à plaisir sur cette « affaire » ne trouvent pas la place pour dire, ne serait-ce qu'en quelques lignes, la fin de l'histoire. Pour eux, quoi que disent les tribunaux, vous serez toujours présumé coupable. Décidément, il flotte toujours, dans ce pays, l'odeur des échafauds sanglants de la Terreur de 1793.

Quant aux Kurdes, qu'ils aient au moins la décence de mourir sans faire de bruit ! Après nous avoir bien servi, ils peuvent aller au diable. N'a donc pas ému grand monde, sur ce continent, la conquête de l'enclave kurde d'Afrine par le rouleau compresseur turc et ses chars allemands, le tout avec le concours des ex-soldats de Daech et d'Al-Nosra, nos pires ennemis. Pendant qu'Erdogan tue ou pourchasse les Kurdes qui avaient été nos meilleurs alliés contre les précédents, l'Union européenne accorde une nouvelle aide à la Turquie : 3 milliards d'euros pour continuer à contenir les réfugiés syriens sur son territoire.

Avons-nous perdu le sens de l'Histoire ? Se comportant comme une coterie de pleutres, de poseurs et de pitres, l'Europe est, sur la tragédie kurde, en train de toucher le fond du déshonneur. Puisque nous avons commencé par lui, donnons à Montesquieu le mot de la fin : « Il n'y a pas de mal plus grand, et des suites plus funestes, que la tolérance d'une tyrannie qui la perpétue dans l'avenir. »

Le 22 mars 2018

Mais comment en sommes-nous arrivés là ?

Né en France avant la Révolution de 1789, le libéralisme mourra s'il ne se réforme pas rapidement. Il mourra d'avoir vaincu ou perdu, peu importe, mais, si nous restons les bras ballants, il sera bientôt englouti par une apocalypse électorale.

Notre modèle est épuisé ; notre bateau, ivre. Le phénomène n'a pas encore renversé les tables dans l'Hexagone, mais il progresse partout autour de nous. Malaisé à identifier, il porte toutes sortes de noms : populisme, descente aux enfers des classes populaires et moyennes, déclassement de la France périphérique, rejet du communautarisme, mépris de la pédantaille pour la piétaille.

Epigones d'un grand mouvement mondial, les gilets jaunes pourraient être à la fois les électeurs de Donald Trump, de Matteo Salvini, de Vladimir Poutine, du Brésilien Bolsonaro, des Espagnols de Podemos. Idéologiquement, c'est la Fête à Neuneu, avec pour marqueurs le nationalisme, le dégagisme « antisystème », des pulsions d'extrême droite, d'extrême gauche, d'extrême centre.

Etait-il bien malin d'opposer à cette colère une espèce de mépris de classe comme le fait M. Macron, avant son heureux revirement de mardi dernier ? En caricaturant à peine, le message du président aux Français en jaune aura été jusque-là qu'il savait où il les menait et qu'ils n'avaient qu'à le suivre les yeux fermés, la bouche close : ces péquenauds n'étaient pas assez malins pour comprendre. Apparemment, il ignorait encore que le centralisme et le dédain sont les deux mamelles des révolutions françaises. Maintenant, il en a une, encore petite, sur le dos. Par pitié, qu'il ne la sous-estime pas !

M. Macron a-t-il été frappé du syndrome Marie-Antoinette, cette grande reine qui vécut hors sol avant une fin sublime et sulpicienne, jusque sur l'échafaud ? Sans doute a-t-il d'abord joué le pourrissement, la confiscation des manifestations par les casseurs. En attendant, hallucinante aura été l'incapacité du président et des siens à saisir ce qui se passait dans les têtes des gilets jaunes, incarnations du mal de vivre de ceux qu'on appelle les « gens ordinaires » et qui ont peur pour leur avenir, leurs valeurs, leur mode de vie.

Supermodernes contre ploucs arriérés, « bobos bio » contre « beaufs pollueurs ». Les ministres de M. Macron voudraient creuser davantage la fracture entre la France des grandes métropoles et celle des bourgs de province qu'ils ne s'y prendraient pas autrement, tant ils ont eu l'insulte lourde au cours des derniers jours. M. Castaner est obsédé par l'ultradroite ou le lepénisme alors que, parmi les casseurs, l'ultragauche était en force et que dans les cortèges défilaient les chefs de La France insoumise ; M. Darmanin ose sans vergogne l'expression « peste brune » ; M. Griveaux se gausse de Laurent Wauquiez, candidat « des gars qui roulent au diesel ». Les farceurs ! Quant à M. Macron, il plaisante quand il renvoie les Français à l'écologie, qui n'a pas grand-chose à voir dans cette affaire : les taxes sur le carburant servent moins à la transition énergétique qu'au renflouement du budget de l'Etat !

La vague des gilets jaunes n'est pas le résultat inopiné des hausses de taxes sur les carburants. Elle monte depuis des années, annoncée par des lanceurs d'alerte dont les moindres ne sont pas le philosophe anarcho-conservateur Jean-Claude Michéa et un géographe qui, comme lui, est la bête noire des bien-pensants : Christophe Guilluy. Tous les deux viennent de la gauche et nous donnent les moyens de comprendre la révolution en cours, sur fond de frustrations, de ressentiment.

Talentueux et jubilatoire, Jean-Claude Michéa dézingue à tout-va, adore citer Marx, reproche à la gauche de n'être plus la gauche et déconstruit avec la même alacrité le libéralisme que le socialisme réformé, coupable à ses yeux d'avoir abandonné les classes populaires, qui, aujourd'hui, sont à prendre. Dans un livre paru l'an dernier, *Notre ennemi, le capital*[1], il prophétisait : « La fin des jours tranquilles a déjà commencé. » Il a récidivé cette année avec *Le loup dans la bergerie*.

Visionnaire rigoureux, Christophe Guilluy observe de livre en livre les fractures qui se creusent dans la société française. Il y a cinq ans, alors que les médias étaient

1. Tous les livres cités de Jean-Claude Michéa et de Christophe Guilluy sont parus aux éditions Flammarion.

obnubilés par les banlieues, il prédisait l'irruption d'une révolte à l'écart des métropoles, dans ce qu'il appelle la France périphérique, expression qui, bien sûr, recouvre des réalités différentes.

Son dernier livre, *No Society*, titre qui reprend la célèbre formule de Margaret Thatcher, se termine comme une spéciale dédicace à M. Macron : « Sans repère culturel ou politique, sans attache territoriale, le monde d'en haut est dans l'impasse, perdu (...). Au XXIe siècle, les classes dominantes et supérieures occidentales doivent enfin apprendre à vivre ensemble avec leur peuple. Il en va de la survie des sociétés occidentales ; il en va de leur propre existence. »

Le 29 novembre 2018

Michel Onfray au pied du volcan

Dis-moi où tu habites, je te dirai qui tu es. Si vous voulez comprendre Michel Onfray, allez en Martinique, du côté de la montagne Pelée dont les « nuées ardentes » de l'éruption de 1902, mélange de cendres, gaz, blocs volcaniques, ont fait près de 30 000 morts.

Ce n'était pas la première éruption de la montagne Pelée, ce ne sera pas la dernière. Le volcan est resté actif et c'est à ses pieds que notre philosophe national a décidé de se retirer de temps en temps du monde, dans un paysage d'une beauté à tomber, où la terre et le sable sont quasi noirs, souvenir de la plus grande éruption volcanique du XXe siècle en attendant la prochaine.

Tel est notre destin : la fin du monde n'est jamais loin et, nous autres humains nous vivons, dansons sur des volcans. Ils changent tout le temps de nature. Une fois, c'est la résistible ascension de Hitler. Une autre, l'épidémie de grippe espagnole, la montée des populismes ou la débine des classes moyennes inférieures. Sans parler de la mort qui guette, la nôtre et celle de notre civilisation.

La montagne Pelée est une métaphore de la mort que notre époque ne sait pas apprivoiser. C'est à se demander, parfois, si elle n'a pas été inventée pour nous empêcher de vivre. Sur ce point, au moins, il est stupéfiant d'observer à quel degré l'Antiquité était en avance sur notre triste XXIe siècle. « On a deux vies, disait Confucius, et la deuxième commence quand on se rend compte qu'on n'en a qu'une. »

Bienheureux, les libres-penseurs, qui, à l'heure du numérique, vivent encore au rythme de la Rome antique pour laquelle savoir mourir était un devoir qui relevait du… savoir-vivre. Lucien Jerphagnon, le maître de Michel Onfray, fut de cette école-là, tout comme notre cher Claude Imbert, Romain dans l'âme, qui éditorialisa longtemps ici même, pour le bonheur de tous.

De tous les livres de Michel Onfray, *Sagesse*[1] est sans doute le plus important. Une leçon de vie, d'amour, de philosophie, façon péplum, à garder près de son lit. Une célébration des penseurs romains qui, loin de la théâtralité ou de la scolastique grecques, ont, selon sa propre expression, « sauvé » l'auteur. Un ouvrage érudit, beau comme l'antique, qui entend nous réconcilier avec l'esprit de la philosophie romaine et se lit aussi facilement qu'un roman.

Sagesse fait beaucoup de bien en ces temps de cynisme

1. Albin Michel, 2019.

galopant, quand un journal comme *Le Monde* ose présenter en une de son magazine Emmanuel Macron avec les codes iconographiques du IIIe Reich. Bouffre ! Le fascisme ne passera pas ! Quand tout se vaut, rien ne se vaut, observait à juste titre le fondateur du quotidien, Hubert Beuve-Méry.

Effrayés d'aller d'un néant (avant la vie) l'autre (après la vie), nous avons beaucoup à apprendre de personnages puissants, passionnants, dont le moindre n'est pas Marc Aurèle, empereur, auteur de *Pensées pour moi-même*, qui a écrit un jour cette maxime géniale : Il faut vivre chaque jour comme si c'était le dernier. Il entendait vivre en Romain, autrement dit se tenir droit, maîtriser ses affects les moins ragoûtants, manifester humanité, sévérité, clémence, simplicité, grandeur d'âme.

A la fin, parce qu'il n'a pas su abolir tout ce qui, dans l'Empire, était contradictoire avec la sagesse de *Pensées pour moi-même*, Marc Aurèle, qui aurait pu devenir philosophe, se sera contenté d'être un mauvais empereur, comme dit Michel Onfray, qui reste toujours Michel Onfray : redresseur de torts, sans pitié pour les mensonges, les impostures. On ne se refait pas. Mais il absout, malgré tout, Marc Aurèle : « Il vaut mieux mener une belle vie en ratant l'Empire qu'une vie laide en le réussissant. »

Sénèque, qui en prend pour son grade, écrivait aussi « pour être le contraire de ce qu'il fut ». Sans rien cacher des sales petits secrets des grandes figures de l'Antiquité romaine, *Sagesse* ne lésine pas sur les exercices d'admiration envers ces géants que restent Plutarque, Tacite et tant d'inconnus que Michel Onfray sort de leur purgatoire. Tous, par son entremise, nous aideront à vivre.

Comme les grands esprits se rencontrent ! Sans se

concerter, le grand Michel Houellebecq, dans *Sérotonine*, et Michel Onfray, dans *Sagesse*, répondent à la même interrogation. « Notre civilisation judéo-chrétienne, et la France tout particulièrement, note Michel Onfray, a massivement désamorcé le pouvoir de volonté », en prescrivant les anxiolytiques, les antidépresseurs, etc.

Face à la crise existentielle que nous vivons, Houellebecq propose la rédemption par le Christ, Onfray, plus prosaïque, la philosophie romaine que *Sagesse* rend si vivante qu'après avoir refermé le livre on a envie de revenir aussitôt dans ce monde qui a tant à nous dire.

Le 3 janvier 2019

La France ? Quelle Histoire !

Le prix de la meilleure citation de la semaine revient sans conteste au grand écrivain algérien Boualem Sansal. « Nos islamistes, nos caciques du FLN, nos kleptomanes sont tous ici. La France les a accueillis, naturalisés et leur a reconnu le droit de la juger pour haute trahison, racisme et islamophobie. Pourquoi n'en useraient-ils pas ? Ça donne à manger[1]. »

Que devient la France rongée par le ressentiment ou la haine de soi comme par des vers et sur laquelle il est devenu bienséant de se faire les pieds ? C'est plus que jamais

1. Le Figaro Vox, le 29 novembre 2019.

un pays jacobin et sécessionniste, monarchiste et régicide, paisible comme une vache dans sa prairie et aussi braillard qu'un manifestant professionnel de la CGT. Un paradis qui, comme dirait Sylvain Tesson, se prend pour l'enfer.

Le paradis français marine dans la nostalgie et s'accroche aux vieilles lunes de l'ancien monde. Protubérante est la place prise par le débat social dans un pays de plus en plus désyndicalisé. C'est comme s'il avait retenu son souffle jusqu'au grand psychodrame social du 5 décembre. Voilà encore une « exception française » avec les régimes spéciaux de retraite, le taux record de dépenses publiques par rapport à la richesse nationale ou encore le nombre de fromages (au moins 1 200 variétés !).

Notre récit national est-il encore lisible ? C'est quand on croit avoir percé à jour notre chère et vieille patrie que l'on cesse de la comprendre, comme le montre la multiplication des histoires de France publiées chaque année et qui se contredisent les unes les autres. Après celle d'Eric Zemmour, *Destin français* (Albin Michel), voici celle de Laurent Joffrin, *Le Roman de la France* (Tallandier) et celle de Gérard Noiriel, *Une histoire populaire de la France* (Agone). Quand on les a terminées, on n'est pas bien sûr que leurs auteurs nous parlent tous du même pays.

Avec *Le Roman de la France*, Laurent Joffrin, directeur de la rédaction de *Libération*, a fait un travail de titan pour simplifier et fluidifier sa version de l'Histoire. Dieu merci, même s'il est de gauche, sa grille de lecture n'est pas marxiste, autrement dit barbante. Il raconte les personnages qui nous ont faits, les Vercingétorix, Clovis, Richelieu ou le Régent, avec la passion d'un Decaux, d'un Ferrand, et ça donne d'excellentes pages. Respectueux de l'héritage national, il déconstruit volontiers nos grands moments tout en donnant un sens hégélien à son récit, celui d'une marche vers la liberté. Du bel ouvrage.

La force de Joffrin est de relire l'Histoire d'hier avec les yeux d'aujourd'hui. C'est aussi sa faiblesse, car il est obsédé par l'histoire zemmourienne (ou de droite) dont il veut prendre le contre-pied. D'où des sorties de route quand, par exemple, il présente la bataille de Poitiers (732) comme celle de l'archaïsme, voire de la barbarie, incarné par Charles Martel, contre la « modernité » de la « civilisation musulmane », jusqu'à sembler regretter que celle-ci n'ait pu gagner et islamiser le royaume des Francs. Minute, cher Laurent, les musulmans n'étaient pas des agneaux innocents, en ce temps-là : la légende d'Al-Andalus, éden d'ouverture et de tolérance, est une vaste blague.

Non à la réécriture, musulmane ou pas, de l'Histoire ! Les croisades sont aussi, on ne le dit jamais, le fruit des invasions sarrasines depuis la péninsule Ibérique. Dans son discours de Clermont, qui lança la « guerre sainte » des catholiques, en 1095, le pape Urbain II avait beaucoup insisté sur les incursions permanentes des musulmans, comme si, en conquérant Jérusalem, la chrétienté pouvait enfin les frapper au cœur : « La France aurait connu les lois de Mahomet sans les exploits de Charles Martel et de Charlemagne (...). Ils ont sauvé l'Occident d'un honteux esclavage. »

Une histoire populaire de la France, de Gérard Noiriel, que l'on dirait écrite pour les manifestants du 5 décembre, est une somme savante, passionnante, mais trop engagée pour être honnête. On ne peut que saluer une démarche qui entend donner la parole à ceux qui ne l'ont jamais, les misérables, les gens de peu. Dommage qu'elle soit gâchée par des partis pris tranchants comme des couteaux. L'auteur vénère Robespierre, la Commune, la lutte de classes, mais il vomit Jeanne d'Arc, le libéralisme et… Emmanuel Macron, qu'il considère, non sans raison, comme un disciple de Barack Obama, qui, au pouvoir, privilégia les *« creative class »* des start-up au détriment des classes populaires, pour le plus grand bonheur de Donald Trump.

« L'Histoire est une suite de mensonges sur lesquels on est d'accord », disait hier Napoléon. Aujourd'hui, signe des temps, personne n'est plus d'accord dessus. Mais n'est-ce pas ainsi que l'on pourra, un jour, espérer rétablir quelques vérités ?

Le 5 décembre 2019

Il faut sauver la « religion française » !

Il y a plusieurs façons de commencer la nouvelle décennie. Par une bonne nouvelle, ça nous ferait du bien. Mais ne rêvons pas. En France, la CGT ira jusqu'au bout, c'est-à-dire nulle part, pour défendre le système des régimes spéciaux qui donne aux retraités de la RATP, même s'ils arrêtent de travailler plus tôt, une pension supérieure à celle des médecins généralistes, voire à celle de certains spécialistes hospitaliers, pendant que les paysans n'ont droit qu'à quelques rognures ou à la crevaison.

Le prétendu « modèle français » a ainsi permis aux agents de la SNCF ou de la RATP de bénéficier, pour leurs retraites, d'avantages liés à la pénibilité supérieurs à ceux qui sont consentis aux... éboueurs. La honte de la jungle et la preuve qu'au nom de l'égalité nous n'avons fait qu'édifier un système inégalitaire qui broie les faibles, les exclus, les misérables. Mais on ne va pas passer ce début d'année à vaticiner là-dessus alors que les Français, sous les feux de la propagande cégéto-médiatique, tardent à se dessiller les yeux : c'est trop déprimant.

Déprimante aussi est l'actualité internationale. Après la diffusion d'une vidéo par le groupe islamiste Boko Haram, qui prétend avoir filmé l'exécution par ses soins de onze chrétiens au Nigeria, cinq juifs ont été poignardés, samedi dernier, à Monsey, au nord de New York, dans un pays où quinze personnes, coupables d'être juives, avaient déjà été tuées en 2019. Voici venu le temps de la bestialisation du monde, ce qui, soit dit en passant, n'est pas gentil pour les animaux.

Ne mêlons pas nos voix au chœur pleurnicheur du « c'était mieux avant ». C'est au contraire un gigantesque retour en arrière que nous vivons tous aujourd'hui. En quête d'air frais, Hongkong et l'Algérie ont retrouvé le souffle de 1968, tandis qu'une partie de l'Occident s'empègue dans les ténèbres du début du XXe siècle quand Oswald Spengler annonçait son « déclin ». Parce qu'elle s'archipélise et se démembre à grande vitesse, la France est particulièrement sensible aux discours apocalyptiques, à droite comme à gauche.

Pour en finir avec le climat d'abattement général, inaugurons la nouvelle décennie avec un bon livre, plus que bon en vérité, iconoclaste, intelligent, ébouriffant : *La Religion française*, de Jean-François Colosimo[1]. Un manuel de résistance au conformisme et au laisser-aller actuel. Historien, philosophe, théologien, éditeur, l'auteur est un chrétien orthodoxe qui a mal à sa ville natale, Avignon. Malgré les réels efforts de la maire (de gauche), qui se bat et qu'il salue, la cité des Papes est à ses yeux le symbole d'une France qui part en biberine, comme on dit dans le Midi, depuis qu'elle est entrée dans la mondialisation des croyances, en niant toute barrière entre le religieux et le politique.

La laïcité française, observe Jean-François Colosimo, preuves historiques à l'appui, n'est pas née en 1905, avec la loi de séparation des Eglises et de l'Etat, ou en 1789, quand, avec la Révolution, la France cessa d'être « la fille aînée de l'Eglise ». Elle est, depuis plus d'un millénaire, consubstantielle à notre pays, où le pouvoir central a toujours veillé à imposer ses règles aux religions, sans oublier de les surveiller comme le lait sur le feu. C'est ainsi qu'il y a aujourd'hui en France un catholicisme français, un protestantisme français et un judaïsme français.

Y a-t-il aussi un islam français ? Sans doute et depuis longtemps, mais force est de constater qu'il est troué de partout par le salafisme et ses cousins islamistes, tous hostiles à la république, que l'Etat a laissés proliférer avec une complaisance insane. Moyennant quoi, la laïcité, « jadis socle du droit », est « désormais en butte au droit ». « Naguère creuset de la nation, observe Colosimo, elle est dorénavant l'indice de son effritement. Hier garante de l'impunité des croyances, elle est censée garantir aujourd'hui l'immunité des croyances. »

La religion française n'est plus que l'ombre d'elle-même.

1. Editions du Cerf, 2020.

Jean-François Colosimo nous enjoint de refuser les accommodements que nos politiciens ne manqueront pas de proposer avec leur légèreté habituelle pour terminer le travail de démolition et satisfaire les desiderata du libéralisme anglo-saxon ambiant, pour lequel la laïcité est une vieillerie, un vestige du despotisme.

Laissons la conclusion à Colosimo, qui nous appelle à empêcher la néantisation de notre passé : « Les nations ne meurent pas, ni (…) se suicident d'un geste, en un coup sec qui les ferait tomber de leur hauteur. Il arrive toutefois qu'elles s'abandonnent à une agonie sans fin, chaque jour apportant son lot d'alanguissements toujours plus mélancoliques. Rien n'est écrit, tout peut être sauvé à tout moment. Mais il se fait tard et le crépuscule semble rougeoyer à l'horizon. »

Le 2 janvier 2020

La France sur un toboggan

C'est devenu une habitude : à intervalles réguliers, un attentat islamiste jette l'effroi dans le pays. La classe politique, M. Macron en tête, nous soûle alors de grands mots et de formules aussi creuses que martiales, tandis que chacun allume des bougies quand il ne pleure pas dans son coin sur le sang versé avant de retourner à ses affaires en séchant ses larmes.

La décapitation de Samuel Paty, professeur d'histoire-géographie, coupable d'avoir fait son travail dans son collège de Conflans-Sainte-Honorine, est une nouvelle preuve que la France est désormais une terre de conquête de l'islamisme, même si elle n'en est pas encore au stade de l'Artsakh, où les soldats de la coalition turco-djihado-azérie exhibent fièrement les têtes coupées des Arméniens chrétiens, qu'ils ont commencé à exterminer sans pitié malgré le cessez-le-feu, dans une indifférence générale, honte à l'Occident !

Comment notre chère et vieille France pourra-t-elle éradiquer ce cancer dont les métastases prolifèrent sur sa carcasse flapie ? Certes pas en s'en prenant à la communauté musulmane, qui est en majorité républicaine. Mais en ne lâchant plus rien sur ses valeurs. En pourchassant ceux qui les combattent de l'intérieur sans crainte d'être dérangés. En faisant tout simplement appliquer une loi sans cesse piétinée dans un pays où, s'il reste encore un Etat, il n'a plus aucune autorité.

On ne gouverne pas avec la main qui tremble, et force est de constater que, sur ces questions, le pouvoir flotte, procrastine : « On ne peut rien faire, mon bon monsieur, il faudrait changer la Constitution ! » Mais qu'est-ce qui empêche le gouvernement de fermer les mosquées comme celle de Pantin, où des prêcheurs appellent à la haine, d'oser se colleter avec les salafistes, qui relèvent de la loi de 1905, ou de lancer des enquêtes contre les Frères musulmans, stipendiés par l'étranger ? Qu'attend-il pour expulser les quelque 4 000 étrangers fichés comme islamistes radicaux à qui nous offrons l'hospitalité ?

M. Macron, qui se tortille, a des excuses, à commencer par l'état d'esprit des Français qui, pour beaucoup d'entre eux, ne veulent surtout pas de vagues. De Gaulle avait tout dit là-dessus, qui, selon la formule de Malraux, portait le cadavre du pays en faisant croire qu'il était vivant. « Les

Français sont des veaux, se plaignait-il. La France entière est un pays de veaux… On ne fait rien avec un peuple couché. Les Français sont couchés et, voyez-vous, plus ils seront couchés, plus ils seront heureux[1]. » Plein d'amour déçu, le propos est certes exagéré, mais il nous renvoie aux vieux démons pétainistes qui, aujourd'hui encore, continuent de travailler les cervelles. Nazi ou islamiste, le fascisme a toujours ses « collabos », ses alliés de l'intérieur.

Saint patron de l'islamo-gauchisme, gourou des salles de rédaction et grand tartuffe national, le multimillionnaire Edwy Plenel n'a rien de mieux à faire que de s'inquiéter de l'utilisation par l'extrême droite de la décapitation de Conflans. Au *Monde* ou à France Inter, ses épigones continueront de mettre en garde contre les « amalgames » et les « stigmatisations » en reprenant les rengaines des tristes sires du Collectif contre l'islamophobie en France (CCIF). Quant à la gauche, aux exceptions fortes près de MM. Hollande, Valls, Cazeneuve et de quelques autres, elle ne sait plus où elle habite.

Il y avait quelque chose d'abject à voir plastronner l'omniprésente gauche islamo-gauchiste, toute honte bue, en tête des cortèges en hommage à Samuel Paty. Gageons qu'après un moment d'émotion les uns et les autres retourneront à leurs marottes, appelant CNews à limoger d'urgence Eric Zemmour, fauteur bien connu de troubles à l'ordre public, ou à manifester à nouveau contre l'islamophobie (alors que les actes islamophobes étaient, en 2019, quatre fois moins nombreux que les actes antisémites et six fois moins que les actes antichrétiens !). Le martelage

1. *La Tragédie du Général*, de Jean-Raymond Tournoux, Plon, 2019.

de cette engeance, sur fond de terrorisme intellectuel, ne contribue pas qu'un peu à notre délitement actuel.

Profitant du laisser-faire généralisé, les islamistes se faufilent partout dans le gruyère national, comme nous l'apprennent, ces jours-ci, deux livres aussi excellents qu'édifiants : *Radicalisation au cœur des services publics*[1], d'Eric Diard et Henri Vernet, ou *Comment on a laissé l'islamisme pénétrer l'école*[2], de Jean-Pierre Obin. Symbole du tout-est-permis, le petit délinquant islamiste qui a tranché la tête du professeur bénéficiait du statut de « réfugié » et venait d'obtenir un titre de séjour…

Après ce choc et en attendant les suivants, la France ne s'en sortira pas par des lois, encore moins par des incantations, mais par une volonté de fer à tous les niveaux. M. Macron est-il l'homme de la situation ? Pour ce faire, il faudrait qu'il devienne un autre, rompe pour de bon avec l'angélisme, ose appeler Mila pour lui dire son soutien et ne cherche plus à plaire à tout le monde

Le 22 octobre 2020

Le spectre d'une France « racisée »

Si le souverainisme avait une raison d'être, en dehors de bloquer les virus aux frontières, ce serait d'empêcher l'importation chez nous de ce qu'il faut appeler la bêtise

1. Editions Lattès.
2. Editions Hermann.

institutionnelle *made in USA*. Que l'Amérique ne la garde-t-elle pas chez elle avec le *ginger ale*, la salade de gélatine et les quelques rares produits qu'elle n'a pas réussi à exporter chez nous !

Il y a quelque chose de terrifiant à voir déferler sur la France éternelle de Montaigne ou Hugo la mode des fadaises américaines standardisées, de la *cancel culture* au Black Lives Matter, avec leur haine de l'universalisme et leur culte de la proscription, la mise à l'index, la réécriture de l'Histoire, qui nous ramènent aux temps noirs de l'Inquisition.

Plus question de « vivre ensemble ». Ça, c'était le monde d'avant. Aujourd'hui, il faut « vivre les uns contre les autres ». Faire des listes comme au temps du maccarthysme de sinistre mémoire. Ramener chacun à sa « race », au nom d'un antiracisme dévoyé. Multiplier les statistiques ethniques sur tous les sujets. C'est ainsi que se développe la « racisation » de la société.

Nous sommes en train de nous enfermer, avec quelques années de retard sur les Etats-Unis, dans cette « vision morcelante et morcelée » des cultures humaines contre laquelle Claude Lévi-Strauss nous mettait en garde au milieu du siècle dernier dans *Race et histoire*. Il est vrai que ce courant ne manque pas d'alliés puissants en France : la démagogie, l'électoralisme, le panurgisme et l'espèce de langueur monotone provoquée par la pandémie.

Le coronavirus n'arrange rien, en effet. Non seulement il sème la mort à un rythme soutenu parmi les populations non vaccinées, mais il s'attaque aussi à notre moral et à nos facultés de raisonnement. Rarement période n'aura été aussi favorable aux *fake news* les plus absurdes ; ces derniers jours, elles poussaient même comme des chanterelles après de grosses pluies.

Nos chers confrères de *The Economist*, excellent magazine économique, ont fait fort, dans le genre : au terme d'une enquête au doigt mouillé, baptisée pompeusement « rapport », ils ont fait perdre à la France son statut de « démocratie à part entière » et l'ont reléguée à la 24e place, derrière la Norvège, la Suisse ou même la Grande-Bretagne. A peine mieux que la Turquie. Les fumistes !

En cause : les restrictions sanitaires, notamment sur la liberté de se déplacer, pour faire face à la pandémie. Mais vaut-il mieux rester vivant grâce à un confinement ou à un couvre-feu qu'être mort, couvert de pelletées de terre, après avoir profité, jusqu'à son dernier souffle, de la liberté de circulation ? C'est la question que ne peuvent plus se poser les 112 000 décédés du coronavirus au Royaume-Uni, au moins 30 000 de plus qu'en France.

« La liberté s'arrête où commence celle des autres », disait jadis le penseur libéral (et féministe) John Stuart Mill. C'est ce que nous a confirmé la crise sanitaire, qui, pour quelque temps, aura fait passer en Occident, notamment en France, le groupe devant l'individu, la société avant nos petites personnes. Notre pays n'en est pas pour autant devenu l'Etat policier que décrit avec complaisance une certaine moutonnaille médiatique qui, de toute évidence, n'a jamais mis les pieds dans une dictature.

Où sont les vraies victimes aujourd'hui ? Femme de l'année 2020 pour le magazine américain *Time*, icône de l'antiracisme et militante de la « racisation » de la France, la charismatique Assa Traoré a déclaré à l'hebdomadaire *Jeune Afrique* que « les hommes noirs et arabes ne sont pas en sécurité en France ». « Les jeunes filles blanches non plus (je sais de quoi je parle) », lui a répondu du tac au tac l'intrépide Mila sur Twitter. Et quid, chère Assa Traoré, des prêtres, des enfants juifs, de l'imam Chalghoumi, du professeur menacé de Trappes et de tant d'autres ?

A l'heure où l'ignorance et l'inculture ne cessent de faire des progrès, M. Mélenchon a pu déclarer, sans choquer outre mesure, que la loi sur le séparatisme « stigmatisait » les musulmans et que c'était un « texte antimusulman ». Saperlipopette ! Jadis gardien des valeurs républicaines, le chef de La France insoumise confond désormais musulman et islamiste, reprenant à son compte le théorème débile des islamo-gauchistes : « Tous les Arabes sont musulmans et tous les musulmans sont islamistes, donc tous les anti-islamistes sont racistes. » Un raisonnement ontologiquement « raciste » qui encloue les Arabes dans une religion et les enferme dans la bigoterie djihadiste.

On a dit ici tout le scepticisme que peut inspirer la loi sur le séparatisme, s'ajoutant à l'empilement de tant d'autres qui n'étaient pas appliquées. Au moins marque-t-elle la volonté de l'exécutif de mettre un terme au délitement de la France, à sa lente racisation, à son éparpillement façon puzzle. On se souhaite bonne chance !

Le 11 février 2021

5.

« IL VENAIT DE LA NUIT… » OU LES AVENTURES DE Z COMME…

Zemmour, président ?

C'est le dernier bruit qui court : le célèbre chroniqueur du *Figaro* et de CNews envisagerait de se présenter à la présidentielle l'an prochain. Est-ce une mauvaise plaisanterie ? Tous les espoirs sont permis quand on est vomi à ce point par le microcosme parisien, qu'on a publié des livres qui, comme *Le Suicide français* (Albin Michel), se sont écoulés à plus de 500 000 exemplaires, ou que l'on rassemble tous les soirs, de 19 à 20 heures, sur sa seule bouille, entre 800 000 et 1 million de téléspectateurs sur CNews.

Polémiste, lanceur d'alerte, il n'a pas, dira-t-on, un profil de présidentiable. Certes. Mais, après avoir épuisé tous les genres, il arrive que nos démocraties se donnent à des hors-venus, voire à des clowns, comme l'ont attesté les victoires de Donald Trump aux Etats-Unis ou de Beppe Grillo en Italie.

Sitôt cité le nom de Zemmour, attention à ce qu'on va dire : on entend déjà le cliquetis des menottes que la maréchaussée idéologique rêve de vous enfiler. Il est convenu de le honnir. Néofasciste ? Sans doute sa vision de l'islam est-elle biaisée par son histoire personnelle. Se définissant comme un Français d'origine berbère, il descend, comme beaucoup de juifs d'Afrique du Nord, d'ancêtres qui habitaient l'Algérie bien avant la conquête du Maghreb par les Arabes, au VIIe siècle, et qui ont été chassés de leurs terres originelles, au nom de la « décolonisation », dans la bonne conscience générale. Ça laisse des traces.

C'est un vestige du passé : antimoderne, donc anti-Macron, Zemmour n'est pas du tout dans l'air du temps, ce qui n'est pas le moindre de ses atouts. Il incarne aujourd'hui le repliement sur soi, sur le passé, l'Histoire, la nostalgie de la grandeur. On peut tout lui reprocher, sauf de n'avoir pas une culture quasi encyclopédique à l'heure où l'ignorance se propage à peu près aussi vite que le coronavirus. Il a, de surcroît, une passion enfantine pour la France éternelle, qui n'a plus le droit de l'ouvrir ces temps-ci, sauf pour faire des mea culpa, en attendant d'être traînée un jour devant la Cour pénale internationale, où elle devra rendre compte de tous ses crimes contre l'humanité, dénoncés par l'actuel président en personne.

De Gaulle disait à son ministre de l'Intérieur, Christian Fouchet, en mai 1968 : « Nous serions le pays le plus fort du monde, sans cette indifférence, au fond, à ce qu'on appelle la nation. » Zemmour s'inscrit dans la filiation du Général. Son culte de la France est si entier qu'il en vient souvent à défendre l'indéfendable. Ainsi, Pétain, qui, à ses yeux, aurait « sauvé les juifs français » alors que le maréchal cacochyme, incarnation vivante d'une des formules gaulliennes les plus fameuses (« la vieillesse est un naufrage »), les a, au contraire, enfoncés. En corrigeant, par exemple, de sa main les lois antijuives pour les durcir, interdisant aux juifs, entre autres, de siéger dans « toutes assemblées issues de l'élection ».

Rares sont les personnages de l'histoire de France qui ne trouvent pas grâce à ses yeux. Dans *Destin français*[1], Zemmour n'a même pas hésité non plus à réhabiliter Robespierre, dont l'obsession de pureté a défiguré la Révolution française. Prétendument hostile à la peine de mort, ce personnage grotesque et xénophobe, adulé par l'extrême gauche, est le concepteur de la loi du 22 prairial an II, qui institua la Grande Terreur en facilitant le travail des tribunaux révolutionnaires : n'ayant plus besoin d'avocats ni de preuves matérielles, ils pouvaient faire guillotiner à la chaîne et à la tête du client. Merci Maximilien ! La raison de la clémence zemmourienne à son endroit : pour abject qu'il fût, il n'en était pas moins français !

Il y a dans le cerveau reptilien de Zemmour – c'est pourquoi il lui sera beaucoup pardonné – une amour sincère de notre cher et vieux pays que résume bien la célèbre formule américaine du XIXe siècle : *« Right or wrong, my country »*[2]. Gageons qu'il ne se lancera pas cette fois-ci dans l'aventure présidentielle, ce qui aurait été une bonne nouvelle pour Emmanuel Macron, gagnant assuré des dégâts provoqués par ce potentiel missile antilepéniste. Mais il n'est pas exclu qu'il se lance par la suite. En attendant, quand on saura faire abstraction de ses propos

1. Albin Michel, 2018.
2. Ce qui signifie littéralement : « Qu'il se trompe ou qu'il ait raison, c'est mon pays. »

de bistrot ou provocations absurdes, on se souviendra qu'il a réactivé une nouvelle forme de patriotisme, contre la haine de soi qui ravage la France.

L'Italie, qui accepte l'union nationale derrière Mario Draghi, nous donne l'exemple. L'ancien patron de la Banque centrale européenne devenu président du Conseil italien bénéficie même du soutien « sans conditions » de Matteo Salvini, le souverainiste italien converti à l'Europe. Les Italiens sont décidément des Français de bonne humeur. Il est vrai que leur passe-temps principal n'est pas de déboulonner les statues ou de réécrire l'Histoire à l'envers !

Le 18 février 2021

Faut-il brûler Eric Zemmour ?

Que serait la France sans Eric Zemmour ? Un passage clouté. Un grand restaurant à menu unique. C'est notre sale gosse national, une tête à claques inventée pour proférer des horreurs, renverser les meubles, scandaliser le (jeune) bourgeois.

Si son discours peut être haïssable, Eric Zemmour ne l'est pas lui-même. Parce qu'il ne s'aime pas. Observez comme il jouit d'être détesté. En plus, il a souvent des airs d'enfant pris en faute, comme s'il venait de dérober les reliques nationales pour les dissimuler chez lui. Il s'en est autoproclamé légataire universel. Même quand il sera mort, il aura toujours peur qu'on les lui subtilise.

Il a peur de tout. Des migrants en général et des musulmans en particulier, de l'Amérique, de l'Allemagne, de la mondialisation, du cosmopolitisme, du capitalisme, du libéralisme. Sans parler du féminisme et même des femmes qui, comme la Pompadour, auraient ruiné la France. Bouffre ! C'est un héraut de la droite extrême de plus en plus compatible avec la gauche extrême. Une créature étrange, pleine de contradictions, exagératrice, révoltée, fascinée par la force, par le Mal au pouvoir.

« Les livres d'histoire qui ne contiennent aucun mensonge sont très ennuyeux », observait l'écrivain Anatole France, qui lui-même l'était beaucoup. *Destin français*, d'Eric Zemmour, ne l'est pas du tout. C'est une succession de chapitres enlevés, talentueux, où, souvent, comme dans un article de la *Pravda* hier ou du *Monde* aujourd'hui, est écarté tout ce qui contrecarre la thèse qu'il entend développer.

Nourri au lait mielleux d'André Castelot, merveilleux historien d'opérette, Eric Zemmour sait raconter mais aussi manier l'art du contre-pied, éclairer le passé à la lumière du présent. Passionnante est sa réhabilitation d'Urbain II, le pape français qui a lancé la première croisade en 1095 pour donner un coup d'arrêt à l'islam qui déferlait sur une grande partie de notre hémisphère et tentait régulièrement, depuis l'Andalousie islamisée, de conquérir la France. Selon lui, ce souverain pontife a retardé l'avancée des musulmans de près de quatre siècles.

Brillant est son portrait de Louis IX, autrement dit Saint Louis, en « roi juif », inspiré par le modèle biblique. A l'époque, le royaume des Francs « spirituellement » juif avait fait sien « le destin messianique d'Israël » tout en essayant de le dépasser à travers l'universalisme chrétien. Bien sûr, plus il singeait les juifs de la Bible, plus il persécutait les juifs de son temps, quand il ne les brûlait pas au son des cantiques juifs : c'est humain, on déteste toujours ceux que l'on veut remplacer.

Destin français est un chant d'amour à notre cher et vieux pays. Parfois, Eric Zemmour devient si délirant qu'il en est émouvant. A ses yeux, la France a toujours raison. Sauf quand elle s'ouvre aux vents du monde, comme sous François Ier, pour inventer la Renaissance. Nouveau Malet et Isaac, le manuel d'histoire en noir et blanc des anciennes générations de lycéens, son livre cède au mauvais penchant des bien-pensants pour les listes de gentils et de méchants. Parmi les premiers, je vous le donne en mille : Jules Méline, obscur ministre de la IIIe République, apôtre antidreyfusard du protectionnisme et du repli sur soi.

La France n'est-elle grande que seule ? Personne ne peut le croire. C'est pourtant la conviction intime d'Eric Zemmour qui ne souffre pas la « religion de l'humanité » du cosmopolite Voltaire, à laquelle il préfère l'« amour de la patrie » du triste Rousseau, le philosophe pleurnichard, toujours à montrer ses stigmates, qui abandonna ses cinq enfants en bas âge aux Enfants-Trouvés sous prétexte que leur mère n'était pas capable de s'en occuper. Le tartufe !

De Rousseau à Robespierre, il n'y a qu'un pas. Dans la foulée, Eric Zemmour se livre à un éloge incroyable de l'Incorruptible. Comme s'il n'avait jamais lu Laurent Dingli[1], il semble exonérer de tous ses crimes le Jacobin paranoïde qui est pour beaucoup dans le lourd bilan humain de la Révolution française (1 million de morts).

1. *Robespierre*, de Laurent Dingli, Flammarion, 2004.

Mais l'auteur de *Destin français* est ainsi fait qu'il préférera toujours une injustice à un désordre, un nationaliste étriqué et « anti-étranger » à un citoyen du monde. D'où aussi sa tentative, perdue d'avance, de réhabiliter le maréchal Pétain.

L'Histoire est tragique, selon Eric Zemmour. Certes, mais pas tout le temps. Elle est jalonnée aussi de périodes de paix, de progrès. Contrairement à ce qu'il semble croire, ce n'était pas toujours mieux avant. Dans son *Suicide français*, son livre précédent, il nous annonçait la mort de la France et de la République, excusez du peu. A la fin de son nouvel opus, il prophétise, cette fois, une « prochaine guerre civile ».

Inch'Allah !

Le 20 septembre 2018

Faut-il faire taire Eric Zemmour ?

La chasse au Zemmour est ouverte. Avec sa harangue devant la Convention des droites, il l'a bien cherché, dira-t-on. Certes. Mais notre société est-elle à ce point infantilisée qu'elle ne peut supporter des discours différents ?

L'auteur de ces lignes n'est pas un ami de Zemmour. Il est même attaché à tout ce que vomit notre grand polémiste national : l'universalisme, l'idéologie diversitaire (sans être nunuche), le melting-pot marseillais, l'Europe, le libéralisme, le féminisme, le girondisme, etc. Il n'en est que plus à l'aise pour dénoncer les délires de l'antizemmourisme actuellement à l'œuvre.

Le Monde a lâché les chiens dans un éditorial grotesque où il apparaît plus que jamais comme le journal officiel du Collectif contre l'islamophobie en France (CCIF), repaire d'indigénistes et de Frères musulmans, qui a fait les grandes heures de ses « nauséabondes » et daoudophobes[1] pages Idées. Nos confrères voient ainsi l'ombre des camps de la mort, ni plus ni moins, dans le discours d'« inspiration fasciste » de Zemmour, qu'ils osent comparer à Edouard Drumont, le Hitler français, qui, dans *La France juive*, best-seller de la fin du XIXe, prônait l'extermination des juifs. Bouffre !

Eric Zemmour étant juif, ne s'agit-il pas là d'une resucée ignoble d'un vieux fantasme antisémite selon lequel Hitler, pour avoir été aussi méchamment antisémite, ne pouvait être que juif ? On sait déjà que la prétendue intelligentsia française, noyée dans son Badiou, n'a quasiment plus de repères, mais n'est-elle pas en train de perdre aussi toutes ses facultés ?

Autrement plus intelligente aura été la réaction de l'animateur de télévision Yann Barthez aux déclarations de Zemmour. « Vous pensez qu'il est heureux ? s'est-il amusé dans son émission "Quotidien". Moi, il me touche. Il se sent seul contre tout le monde. » Là-dessus, un montage rigolo reprenait tous les mots anxiogènes du discours zemmourien : nazisme, djellaba, pédophilie, caïds, kalache, attaque au couteau, fascisme, massacres, Goebbels, drogue, etc.

---

1. Cf. les excellentes chroniques de Kamel Daoud dans *Le Point*.

Dans son laïus, Eric Zemmour a repris des thèmes qui reviennent régulièrement dans ses écrits, à savoir que « tous les problèmes aggravés par l'immigration sont aggravés par l'islam » ; qu'« au triptyque d'antan, "immigration, intégration, assimilation", s'est substitué celui d'"invasion, colonisation, occupation" » ; que les immigrés « se comportent comme des colonisateurs en terre conquise comme (…) les pieds-noirs en Algérie ou les Anglais en Inde ».

Propos abrupts sinon outranciers tenus par un homme dont la famille a été chassée d'Algérie par les Arabes, alors que ses ancêtres étaient là bien avant la conquête arabe du VIIe siècle. Mais Eric Zemmour ne dit pas que des bêtises, loin de là. S'il n'y avait aucun problème en France avec l'islam, ça se saurait. Ne peut-on pas discuter, débattre ? Eh bien non, la bien-pensance au pouvoir a décidé, forme suprême de la censure, de l'assassiner symboliquement.

Faut-il céder aux injonctions des professionnels du « dénislamisme », pour reprendre l'expression d'Alexis Brézet[1] ? Les esprits sont de plus en plus embrouillés par le théorème véhiculé par les islamo-gauchistes du *Monde* ou de Mediapart : tous les Arabes sont musulmans, tous les musulmans sont islamistes, donc être anti-islamiste, c'est être raciste. Les jobards !

Alors que le pouvoir fait preuve d'un laxisme insensé face à la pénétration de l'islamisme dans les services publics, comme vient de le montrer l'affaire de la préfecture de police de Paris, il entend en finir avec les mots qui fâchent, contrairement aux Etats-Unis, où le premier amendement de la Constitution a inscrit dans le marbre « la liberté

1. Cf. son éditorial dans *Le Figaro* du 7 octobre.

de parole ou de presse ». Le parquet de Paris a donné raison aux accusations d'Eric Zemmour, pourfendeur de la dictature du « progressisme », en annonçant, après ses propos, l'ouverture d'une enquête pour « injures publiques en raison de l'origine ou de l'appartenance à une ethnie, une nation, une race ou une religion » et « provocation publique à la discrimination, la haine ou la violence ».

Calmos, les inquisiteurs ! Pour apporter un peu de sérénité dans tout ce brouillis, conseillons aux contempteurs et aux zélateurs d'Eric Zemmour de lire sans attendre l'excellent livre de Denis Olivennes, *Le Délicieux Malheur français*[1], où est mise en pièces la « gigantesque entreprise de détestation mutuelle » qui déchire notre pays. Enfin, du bon sens dans notre monde de brutes, de forcenés !

Denis Olivennes ne craint pas de célébrer « le désir patriotique » qui n'est pas « nécessairement un désir obsidional ». Nourri d'anecdotes personnelles et de statistiques édifiantes, son *Délicieux Malheur français* n'est pas un livre de circonstance ; c'est une célébration de la France éternelle et un appel à la tolérance pour changer de paradigme et renouer avec le bonheur d'être français. Ça tombe à pic et, en plus, ça fait du bien.

Le 10 octobre 2019

1. Albin Michel, 2019.

Zemmour : le scénario catastrophe

On ne donnait pas cher de sa candidature quand on y croyait, ce qui était rarement le cas. Ne nous sommes-nous pas trompés sur Eric Zemmour ? C'est une crevette, disait-on, mais ce ne serait pas la première qui accéderait aux plus hautes fonctions – il mesure quand même cinq centimètres de plus que Napoléon qui plafonnait à 1,68 m. Il est clivant, ajoutait-on, le contraire d'un candidat de second tour et puis, avec ses ergotages d'éternel khâgneux, n'a-t-il pas autant de charisme qu'un oiseau de nuit ?

Zemmour croule sous les handicaps mais il a aussi, reconnaissons-le, quelques solides atouts. Les premiers crevant les yeux, ils ont aveuglé les survivants du monde d'avant qui, comme votre serviteur, n'ont cessé de rappeler que la politique est un métier très dur qui s'apprend sur le tas, pas sur le tard, et qu'il ne l'avait jamais pratiqué qu'en chambre (ou sur un plateau).

Allons, l'expertise n'étant plus d'actualité, l'apprentissage apparaît désormais comme une perte de temps : à l'époque d'Internet et des réseaux sociaux, tout le monde est un professionnel de la médecine, de l'aéronautique, de la photographie, de la politique, etc. Il n'est donc plus besoin d'avoir fait ses preuves pour devenir président. La preuve par Macron, Trump ou Zelensky.

Que Zemmour dresse les Français les uns contre les autres en lançant des polémiques inutiles, voire absurdes, comme la querelle des prénoms, ça ne lui est pas non plus dommageable. Antidote de Mélenchon et de Rousseau, il est porté par un thème que les autres candidats déclarés ou potentiels ont presque tous occulté : l'absence de maîtrise des flux migratoires par l'Etat, qui laisse faire, avec le flegme des vaches qui regardent passer les trains. Tant qu'il sera quasiment le seul à porter ce discours, il aura un boulevard.

L'influente fachosphère de la gauche est la meilleure alliée de Zemmour : quand elle ne l'anathématise ou ne le pourrit pas, elle l'affuble, telle l'« humoriste » de France Inter, Charline Vanhoenacker, d'une petite moustache hitlérienne. Prière de s'esclaffer. Nazi, l'auteur de *La France n'a pas dit son dernier mot* ? Gageons que c'est la moindre des injures à laquelle il aura droit de la part du camp du Bien, qui n'a pas fini de s'affliger de ses propos « nauséabonds », résurgence des « heures les plus noires de notre Histoire ».

Zemmour aura tout à gagner à un scénario à la Trump 2015 : cette année-là, le candidat républicain avait pu tirer profit de la haine fébrile des grands médias américains, qui avaient fait campagne contre lui en n'hésitant pas à faire les poubelles. C'était un cercle vertueux : les attaques du *New York Times* contre le magnat de l'immobilier faisaient progresser les ventes du quotidien et gonflaient en même temps les voiles de sa popularité.

Plus la bien-pensance médiatique dénoncera Zemmour avec son hystérie infantile, plus il grimpera dans les sondages. Souvent, France varie et bien fol qui s'y fie. Mais on ne peut exclure que, dans une configuration à la 2002, plusieurs candidats soient dans un mouchoir de poche au premier tour. A l'époque, Jacques Chirac (19,8 %) s'était retrouvé, pour le second round, face à Jean-Marie Le Pen (16,8 %), Jospin (16,1 %) étant éliminé.

Tel est le pari de Zemmour s'il obtient ses 500 parrainages : éparpiller la droite façon puzzle en déstabilisant LR et en vitrifiant le Rassemblement national. Si la droite parlementaire reste divisée et qu'il continue à mordre sur l'électorat lepéniste, on ne peut pas tout à fait exclure que l'ancien chroniqueur du *Figaro* affronte, à la surprise générale, Macron au second tour. Et il serait pour le président sortant un candidat plus redoutable que Marine Le Pen.

Loufoque est le programme économique de Zemmour ou ce qui en transparaît déjà. Mais, confit de souverainisme, il peut parler à une partie de la gauche, notamment à La France insoumise. Ce sera « open bar » le temps que ça durera. Mais qu'importe puisque, après avoir vidé ses caisses, notre pays est déjà en passe de perdre ses marges de manœuvre et qu'il sera rappelé à l'ordre, à plus ou moins long terme, par les marchés financiers – et une hausse des taux d'intérêt. En dehors de Valérie Pécresse, quel est le ou la présidentiable qui ose parler vrai sur les finances publiques, alors que notre délirant niveau d'endettement (110 % du PIB) va nous rendre de plus en plus dépendants vis-à-vis de l'Allemagne ?

Puisse la campagne présidentielle traiter enfin tous les problèmes que ceux qui nous gouvernent, à droite comme à gauche, ont depuis trop longtemps occultés : la dette – mais ne rêvons pas trop – et, outre le déferlement migratoire, la perte de l'autorité, du respect, de la transmission, de la cohésion. Chiche ?

Le 23 septembre 2021

6.

L'ISLAMO-GAUCHISME VA-T-IL TUER LA GAUCHE ?

Le communautarisme, nouveau mal français

Les médias se plaignent que M. Macron tarde à livrer au pays le grand discours sur la laïcité et sur le communautarisme qu'il doit, selon ses services, prononcer « dans quelques jours » et qu'il n'en finit pas de réécrire. Comme souvent, les médias ont tort. Que le président le reporte sans cesse est une bonne nouvelle. Plus le temps passe, plus il va dans le bon sens.

M. Macron revient de loin. Quand il est arrivé à l'Elysée, il partageait l'angélisme de la gauche neuneu et caressait l'idée saugrenue, comme M. Sarkozy à une époque, de refonder la loi de 1905, qui a acté la séparation des Eglises et de l'Etat. Pure folie ! C'eût été ouvrir la boîte de Pandore pour céder aux prétentions de la fraction radicale de la communauté musulmane. C'est à l'islam de s'adapter à la République et non l'inverse.

Il y a un quart de siècle, il était de bon ton de se gausser du multiculturalisme à l'américaine qui allait déstructurer les Etats-Unis et les faire voler en éclats. Or ils tiennent toujours bon, même s'ils sont travaillés par une force centripète, et c'est la France qui, aujourd'hui, est aux prises avec un mal autrement pernicieux, le communautarisme, autre nom de l'islam politique, qui ne cesse de conquérir de nouveaux territoires.

Que faire contre cette lente fragmentation ? D'abord, en finir avec nos dénis, nos démissions collectives. Ensuite, appliquer les lois de la République. Mais c'est sans doute trop demander : devant les islamistes, la justice et l'Etat « belloubètent », autrement dit, à l'instar de la garde des Sceaux, ils ont la main qui tremble quand ils ne passent pas, toute honte bue, sous la table, comme le montre l'affaire du djihadiste Majdi Mustafa Nema, recherché pour crimes de guerre en Syrie, à qui le consulat de France à Istanbul avait accordé... un visa Erasmus, lui permettant de couler des jours heureux au cœur de Marseille.

Certes, il y a un bon communautarisme, celui de peuples heureux de se retrouver à parler leur langue, faire vivre leur culture, partager leur cuisine traditionnelle. Mais il y a aussi un mauvais communautarisme, prosélyte, conquérant, qui entend changer la République et imposer ses lois à l'ensemble de la société. Pourquoi le laisser faire ? Pour comprendre l'état calamiteux dans lequel se trouve la France, rongée par ce communautarisme-là, il suffit de faire une plongée dans le pays ou, ce qui prend moins de temps, un tour dans une librairie, activité qui, hélas, a tendance à disparaître chez ceux qui ne savent pas ce qu'ils perdent.

Dites-moi ce que vous lisez, je vous dirai ce que vous avez dans la tête : après la lecture des deux essais à succès de la fin de l'année dernière, *L'Archipel français,* de Jérôme Fourquet, ou *Bloc contre bloc*, de Jérôme Sainte-Marie, vous aviez le moral dans les chaussettes. Les dernières parutions ne vous le remonteront pas. Ni *Les Territoires conquis de l'islamisme,* ouvrage collectif publié sous la direction de Bernard Rougier aux PUF, ni le livre de François Pupponi, *Les Emirats de la République*[1], ni encore celui d'Anne-Sophie Nogaret et de Sam Biasoni, *Français malgré eux*[2]. Autant d'ouvrages percutants et… déprimants.

Passant au laser les racialistes, décolonialistes et indigénistes qui veulent déconstruire la République, *Français malgré eux* fait froid dans le dos. Au secours, la « race » est de retour ! Au nom des « lésés de l'Histoire », une nouvelle idéologie entend « dénationaliser » le récit national et stigmatiser le Blanc, héritier d'un Occident qui, selon la formule du penseur tiers-mondiste Frantz Fanon, « [a] été bâti avec la sueur et le cadavre des Nègres, des Arabes, des Indiens et des Jaunes ». Si vous pensez que l'indigénisme est un phénomène marginal, détrompez-vous : les deux auteurs ont rassemblé un faramineux bêtisier dans lequel éructe la haine de la France.

D'où la sainte colère de François Pupponi, tête de Turc des islamo-gauchistes. *Les Emirats de la République* ne sont pas une charge contre la paisible communauté musulmane, au contraire. Ancien maire Sarcelles, député en rupture de ban avec le PS, il a écrit, en homme de terrain, un livre

1. *Les Emirats de la République : comment les islamistes prennent possession de la banlieue*, de François Pupponi, Editions du Cerf.

2. *Français malgré eux. Racialistes, décolonialistes, indigénistes : ceux qui veulent déconstruire la France*, d'Anne-Sophie Nogaret et de Sami Biasoni, L'Artilleur.

formidable sur la progression des islamistes qui prospèrent notamment grâce à la veulerie des politiques de la gauche *niqab* et d'ailleurs ; la stratégie salafiste d'infiltration des partis ; la pleutrerie des parquets judiciaires ; le noyautage des associations d'insertion, permettant de faire financer les militants radicaux par le contribuable.

Crus et concrets, *Les Emirats de la République* se lisent comme un roman, le roman d'un pays fatigué, à moitié couché, en tout cas sur cette question. M. Macron saura-t-il le réveiller ?

Le 13 février 2020

Les musulmans aussi sont victimes de l'islamisme !

Ce que ne comprendra jamais un islamo-gauchiste confit dans son collaborationnisme morbide, comme ses sinistres semblables des années 1940, c'est que le monde musulman dans son ensemble n'a pas de pire ennemi que cet islamisme qui les fascine tant. Dernier exemple : l'attaque islamiste de la mosquée de Bir el-Abed, dans le Sinaï, en Egypte, qui a fait au moins 305 morts (dont 27 enfants) chez les soufis. La doxa de la si pesante bien-pensance qui gangrène une grande partie de la presse française a mis au point un théorème fondé sur une ignorance crasse de l'Orient compliqué : tous les Arabes sont musulmans, lesquels sont tous des islamistes en puissance. Donc, si on ne comprend pas ceux-ci, à défaut de les soutenir, c'est qu'on est raciste ! L'aveuglement de nos islamo-gauchistes les amène donc à considérer, contre toute évidence, les musulmans modérés, laïques, républicains comme quantité négligeable alors qu'ils sont largement majoritaires en France.

Certes, l'islamisme sunnite a pris l'Occident pour cible et, depuis le 11 septembre 2001, travaille méthodiquement à sa destruction. Ceux qui, à l'extrême gauche, disent le contraire sont les nouveaux Laval, Doriot, Brasillach. Mais le même islamisme s'attaque aussi, ne l'oublions pas, au monde musulman qu'il prétend « purifier » en frappant tous les courants qu'il juge hérétiques. Offensés, martyrisés, ceux-là paient depuis des années le prix fort en sang et en larmes, comme les derniers chrétiens d'Orient.

Les premières victimes de cet islamisme sunnite sont chiites (de 10 à 15 % de l'ensemble des musulmans mais largement majoritaires en Iran et en Irak) : à la différence des sunnites, ils insistent sur le raisonnement déductif, la liberté individuelle. Sinon, les victimes sont des soufis, comme à la mosquée du Sinaï : présents à la marge dans la plupart des pays musulmans, ce sont des mystiques souvent sophistiqués, généralement réformistes. Partisans du « grand djihad » à l'intérieur de soi, ils n'ont que mépris pour le « petit djihad » traditionnel, le poignard à la main.

Il va de soi que les victimes n'ont pas droit à la parole. En France même, sous couvert de lutte contre l'islamophobie, les islamistes radicaux s'emploient à couvrir la voix des modérés, qui, même s'ils ont leur communauté derrière eux, passent à l'as dans les médias : tel fut le cas dans l'affaire des prières de rue à Clichy, où l'on n'a quasiment entendu que les auteurs extrémistes de cette sombre manipulation montée pour dresser les Français les uns contre les autres. Auparavant, le procès d'Abdelkader Merah avait montré à quel point les musulmans dans leur ensemble vomissaient la psychopathie islamiste.

En attendant les clabauderies des « idiots utiles » de l'islamisme qui dénonceront sous peu, au nom des droits de l'homme, les mesures antiterroristes du président égyptien Al-Sissi, leur bête noire, après l'attaque du Sinaï, il ne faut cependant pas déprimer. Quelque chose d'important est en train de se dérouler sous nos yeux blasés. Sur le plan géopolitique, la dérive des continents est en marche et, apparemment, rien ne l'arrêtera. Pour preuve, l'aveu d'un grand confrère, Thomas L. Friedman, star du *New York Times*, qui dit n'avoir jamais pensé vivre assez longtemps pour pouvoir écrire un jour cette phrase : « Le processus de réforme le plus important en cours au Moyen-Orient aujourd'hui se déroule en Arabie saoudite[1]. »

Oui, vous avez bien lu. Du genre à qui on ne la fait pas, Thomas L. Friedman est convaincu que le printemps saoudien a commencé. Après avoir rencontré Mohammed ben Salmane, le prince héritier de 32 ans, désormais aux manettes, le journaliste américain note : « Seul un fou pourrait prévoir son succès, mais seul un fou pourrait ne pas l'appuyer. » Décidé à soulever le couvercle de l'arriération du wahhabisme, tradition obscurantiste de l'Arabie saoudite, « MBS », comme on l'appelle, plaide pour un islam « ouvert au monde et à toutes les religions ».

MBS est tout sauf un doux rêveur. Si les petits cochons ne le mangent pas dans les prochains mois, le prince héritier pourrait bien faire entrer l'Arabie saoudite dans

1. Numéro daté du 25-26 novembre.

son siècle et en finir avec ses triples ou quadruples jeux, sur fond de corruption, avec les islamistes qui, tel Ben Laden jadis, sont longtemps allés à la soupe dans ses arrière-cuisines. Il a déjà lancé une gigantesque opération « mains propres » qui frappe plusieurs personnages importants (et troubles) de l'oligarchie en place. Préoccupé par la montée en puissance d'un Iran dopé par ses victoires syriennes, il entend que son pays sorte de sa congélation religieuse pour relever enfin la tête sur les plans régional et international. Le prince Ben Salmane sera-t-il celui qui, avec le président Al-Sissi, sauvera l'islam contre lui-même ? Puisse-t-il devenir le cauchemar de nos islamo-gauchistes !

Le 30 novembre 2017

L'islamisme et les néopétainistes

« Dans chaque Français, il y a deux hommes, celui qui ne veut pas d'histoires et celui qui a de grandes idées. » L'auteur de ce bon mot est l'un de nos grands penseurs, mort en 2015, dans les conditions que l'on sait : le dessinateur Georges Wolinski.

Nous sommes en même temps le pays de Philippe Pétain et celui du général de Gaulle. Au nom de la tolérance et des grands principes, nous nous vautrons volontiers dans les compromis, les lâchetés. Pour preuve, notre attitude lamentable devant l'islamisme qui se propage chez les musulmans de France.

Pas de doute : c'est toujours le maréchal Pétain qui est aux manettes quand il s'agit de traiter la question de l'islamisme. La gauche et la droite sont aussi tétanisées que si elles marchaient sur des œufs. Observez comme Emmanuel Macron se hâte lentement, les bras croisés, l'air distrait. Que voulez-vous, comme dit le grand chœur des bien-pensants, il ne faut pas stigmatiser. Cachez cet islamisme que je ne saurais voir, voilà leur obsession. Les tartuffes !

Il serait trop commode de charger uniquement ce gouvernement. La responsabilité est collective : sur ce dossier, nous avons tous été au-dessous de tout, d'une complaisance insane. C'est ainsi qu'en France le nombre d'islamistes a augmenté de 900 % en moins de quinze ans, si l'on en croit les estimations du ministère de l'Intérieur[1]. Emmurés dans leurs délires théologiques, les salafistes seraient aujourd'hui entre 30 000 et 50 000. Si les mots ont un sens, ils forment une secte, mais, contrairement aux autres, elle n'est pas inquiétée ou presque. Ne faut-il pas crier au feu ?

Nous vivons une époque où l'on a tôt fait de s'en prendre aux pompiers. Nous en avons pourtant bien besoin. L'essayiste et consultant Hakim El Karoui vient de se proposer. Il n'est pas étonnant que cette montée de l'obscurantisme « angoisse » une majorité de Français, reconnaît-il dans un rapport publié par l'Institut Montaigne. Certes, les islamistes sont encore très minoritaires chez les musulmans de France, dont les deux tiers acceptent la laïcité et 46 % le système de valeurs républicain. Mais les extrémistes ne cessent d'avancer leurs pions, notamment sur les réseaux sociaux : financés par des Etats étrangers à

1. Cf. l'article de Jean Chichizola et Christophe Cornevin paru dans *Le Figaro* du 9 septembre 2018.

qui notre pays « a sous-traité une forme de contrôle social et sécuritaire », ils surfent sur la lie en crue, sur fond de « théories du complot, antisémitisme, postures victimaires ».

Est-ce à l'Etat de « nurser » l'islam ? Encore un peu laïque et républicain, doit-il se pencher sur la deuxième religion de France qui, malgré les efforts répétés de la droite et de la gauche, n'est jamais parvenue à s'organiser ? Il est possible, assure Hakim El Karoui, de mettre sur pied un islam français. Pour ce faire, il avance toutes sortes de mesures : ainsi, pour le financer, l'instauration d'une taxe halal qui pourrait avoir le grand inconvénient de développer encore dans nos abattoirs l'ignoble tuerie sans étourdissement, ou bien le renforcement de l'apprentissage de l'arabe dans les lycées, alors qu'aujourd'hui il est de plus en plus enseigné dans les mosquées. Soit. Mais on peine à croire que l'islamisme, qu'on a laissé prendre ses aises, puisse reculer en douceur, par décret. D'autant qu'il gagne tous les étages de la société à travers ses « idiots utiles » pour qui il incarne (mais oui !) les damnés de la terre. L'islamo-gauchisme est désormais la doxa de journaux comme *Le Monde*, notamment dans ses étranges pages Débats.

C'est pourtant une plume du *Monde*, Jean Birnbaum, qui publiera, la semaine prochaine, un livre percutant, lumineux, sur l'islamisme, *La Religion des faibles*[1]. Après *Un silence religieux*[2], qui avait fait pas mal de bruit en son temps, il monte encore le son. Débarrassé des oripeaux de la gauche marxisante, il nous intime de faire face au djihadiste qui dit : « Nous aimons la mort comme vous

1. Editions du Seuil, 2018.
2. Editions du Seuil, 2016.

chérissez la vie. » Et il s'interroge sur nous, sur notre certitude d'être au centre du monde alors que, devant un islamisme ivre de lui-même, nous sommes rongés par les doutes comme par des puces.

L'Occident est une forteresse criblée de trous. Pour un peu, on verrait à travers. Le philosophe Alain Badiou, gourou de la presse baba, symbolise un courant de pensée qui dépasse largement le cadre des tocards du crypto-maoïsme, sa famille de pensée, quand il écrit le mot « démocratie » entre guillemets. « Nous devons arracher de nos âmes, nous conjure-t-il, la spiritualité démocratique. » C'est dit comme on tranche une viande. Brrr…

Face à l'universalisme djihadiste, y-a-t-il un remède, docteur ? Pour Jean Birnbaum, c'est l'Europe et « la promesse attachée à ce nom sans fond ». Il cite Camus : si elle est en danger, c'est parce qu'elle n'a pas assez de force en elle-même. Eh bien, refaisons-la, donnons-lui de la moelle !

Le 13 septembre 2018

La farce tragique des intellectuels de gauche

Petite devinette : qui est rouge à l'extérieur, blanc à l'intérieur, toujours près de l'assiette au beurre et se trompe tout le temps ? Un intellectuel de gauche, pardi ! Plus il se trompe, plus il persiste : l'intellectuel de gauche n'apprend pas. C'est même son signe distinctif. Après s'être fourvoyé en défendant les régimes mortifères de l'Union soviétique, de la Chine populaire, du Cambodge, il continue, ces temps-ci, à tomber dans tous les panneaux, de l'islamisme à l'antiracisme identitaire importé des universités américaines.

Alors que s'écroulent sous nos yeux deux pays mis à mal par des idéologies vermoulues, l'Algérie et le Venezuela, comment ne pas rappeler que nos chers intellectuels les présentaient, il n'y a pas si longtemps, comme des modèles ? Telle est la malédiction de ceux qui prétendent guider nos consciences et nous montrer le chemin : ils ont sans cesse tout faux, sur la France, sur le monde.

Une petite pensée, en passant, pour tous ceux qui, tels Thomas Piketty et ses épigones, nous rabâchent que tout le mal, en ce monde, vient du capitalisme, du libéralisme, de la mondialisation. S'ils n'avaient pas la berlue, ils reconnaîtraient que l'économie de marché, malgré tous ses défauts, a fait moins de morts et de misère sociale que leur prétendu socialisme.

A entendre les penseurs de la nouvelle gauche, la France est un pays totalitaire, aux mains d'une oligarchie financière qui noie les manifestations dans des bains de sang. Un discours repris par le Haut Conseil de l'Onu aux droits de l'homme, une organisation très partiale, contestée par les Etats-Unis, qui demande des comptes à la France sur les violences policières pendant la crise des gilets jaunes. Mais vous pensez bien qu'elle prend des gants dès qu'il s'agit des exactions du régime inique du Venezuela.

Le grand malheur du Venezuela est d'être tombé un jour sous le joug d'un mirliflore « de gauche », ex-putschiste, le commandant Chavez, devant lequel tous les tiers-mondistes mondains de France étaient tombés en pâmoison. Après que son « socialisme » eut réussi – un exploit ! – à ruiner ce pays qui dispose des plus grandes réserves pétrolières du monde, son héritier Maduro, pouacre carnavalesque, continue le travail, avec les « succès » que l'on sait, en remplissant ses poches et celles de ses sicaires.

Même si la situation n'y est pas aussi catastrophique, il s'en faut, l'Algérie n'a pas eu de chance non plus. Assise, elle aussi, sur un trésor (de gaz et de pétrole), elle a surtout été gouvernée par des demeurés et des corrompus qui ont coulé le pays. De gauche eux aussi, ils furent longtemps encensés par nos intellectuels. Dans ce concours de nullités, Boudiaf, rapidement assassiné, fut une première exception. Bouteflika en fut une autre, qui a sauvé, ne l'oublions pas, l'Algérie de la guerre civile et conjuré le péril islamiste, ce n'est pas rien. Mais il n'a pas su réformer de fond en comble la bureaucratie crypto-soviétique mise en place par Ben Bella, Boumediene et consorts. Aujourd'hui, il a fait son temps et il en a apparemment tiré les conséquences en annonçant son retrait.

La roue tourne, l'Histoire passe mais jamais les trissotins de l'intelligentsia ne tirent les leçons de leurs égarements. C'est pourquoi la lecture du livre de Roger Scruton *L'Erreur et l'Orgueil*[1] (L'Artilleur) est si réjouissante, sinon jouissive. Grand philosophe de l'esthétique et figure incontournable de la vie des idées en Grande-Bretagne, il avait fait l'objet d'une cabale après la publication, en 1985, d'un essai sarcastique contre les penseurs de la nouvelle gauche. Le voici qui récidive avec la même alacrité.

L'Erreur et l'Orgueil est un festival de gifles et de fessées, où toutes les idoles des universités occidentales en prennent

1. Coll. « L'artilleur », éditions du Toucan, 2019.

pour leur grade. Dans cette entreprise de déconstruction, Roger Scruton démonte les Sartre, Badiou, Hobsbawm, Althusser, Zizek, etc. Il met en pièces leur novlangue, leur charabia de Diafoirus de la pensée, qui leur permet de masquer l'inanité, voire la bêtise, de leurs travaux. Passant par une dévalorisation de la réalité, leur théologie « exprime un besoin religieux » qui « résistera à toutes les preuves produites pour la réfuter ».

La chute du communisme en 1989 n'a pas arrêté la machine à non-sens qui, après avoir tourné quelque temps au ralenti, est repartie de plus belle : « la vraie révolution » est encore à venir, paraît-il. Qu'importe la vérité d'aujourd'hui puisque c'est seulement quand l'ordre social sera renversé qu'elle apparaîtra vraiment. Le but de ces sinistres farceurs est, selon Roger Scruton, de « débarrasser le monde de la discussion rationnelle dans tous les domaines ». Bon sang, mais c'est bien sûr ! le réel étant une illusion, comme dirait Zizek, vous n'ex-sistez pas !

Le 14 mars 2019

La vérole est en Occident, les hirondelles au Maghreb

L'avenir de l'Occident est-il en train de se jouer en Tunisie et en Algérie ? C'est encore une question taboue, mais ces deux pays sont peut-être en train de sortir pour de bon de l'ornière islamiste dans laquelle les poussent depuis des années, par conformisme, haine de soi ou fatigue intellectuelle, une partie des élites françaises, des médias bien-pensants.

Leur impensé raciste amène ces nouveaux collabos (de gauche) à penser que tous les Arabes sont musulmans et tous les musulmans islamistes. Moyennant quoi l'anti-islamisme devient un néoracisme. A croire ces « maîtres-à-penser-comme-il-faut », il faudrait donc se soumettre à la fatalité islamiste, quitte à jeter par-dessus bord les valeurs européennes de la République.

Ce qui se passe aujourd'hui dans une partie du Maghreb est en train de prouver avec éclat que ces cagots de l'angélisme, obsédés par l'islamophobie, pensent faux, archifaux. Certes, l'hydre islamiste continue de tisser ses toiles sitôt que ses fils se défont, en repoussant toujours plus loin les limites de l'abjection – on peut l'observer dans la guerre fratricide que se livrent aujourd'hui, en Afghanistan, Daech et les talibans.

De même, l'islamisme a sans doute encore quelques « beaux » jours devant lui en Iran et en Turquie, où des pouvoirs pourris jusqu'à la moelle, nostalgiques de leur grandeur passée, s'échinent à exporter leur fondamentalisme à travers le monde. Mais ils n'ont plus le même rayonnement. La « magie » d'antan n'opère plus. Ils ne sont plus que les caricatures d'eux-mêmes.

Plus grave encore pour les islamistes : la « normalisation » (à petits pas) de l'Arabie saoudite, qui a fini de jouer au généreux bienfaiteur de l'intégrisme, voire du terrorisme : ce rôle est désormais dévolu à l'émirat du Qatar, as du dessous-de-table et mille-pattes de l'Orient qui, à force de les mettre partout, risque de se prendre un jour les pieds dans ses jambes et dans le tapis !

Mais la plus mauvaise nouvelle pour les islamistes et leurs épigones français vient, à l'évidence, du Maghreb, dont on disait qu'il finirait par tomber un jour tout cuit dans la nuit islamiste. On en est loin. Il fait de la résistance. Il appelle de ses vœux cette démocratie qui, en Occident, a perdu beaucoup de ses atours sous les coups de boutoir des braillards populistes.

L'Algérie a sorti la tête de l'obscurantisme dans lequel elle était empéguée au temps du FIS et du GIA, promus, voire encensés, par une intelligentsia française en plein délire collectif. Grâce soit rendue aux pôles de résistance à l'islamisme qui, depuis des années, ont toujours tenu, notamment autour de figures charismatiques comme Saïd Sadi ou d'écrivains comme Kamel Daoud, Boualem Sansal, etc.

L'intégrisme algérien n'est plus ce qu'il était, à en juger par le tour que prend la forte contestation du pouvoir incarné désormais par le général Gaïd Salah, réputé proche du Qatar. Après le 26ᵉ vendredi de manifestations, il apparaît clairement qu'elle n'a toujours pas été gangrenée ni même infiltrée par les fondamentalistes, en voie de marginalisation. C'est une formidable nouvelle.

Quant à la Tunisie, elle est en train de donner au monde arabe une belle leçon : la démocratisation est toujours en marche ; rien, même les attentats, ne semble pouvoir l'arrêter. De la mouvance islamiste au courant laïque en passant par les nostalgiques de Ben Ali, toutes les sensibilités ou presque seront représentées lors de la présidentielle anticipée du 15 septembre : vingt-six candidats, dont deux femmes et le très populaire Nabil Karoui, magnat des télécoms. Apparemment, malgré les difficultés, tout permet de penser que la jeune démocratie tunisienne survivra à la mort du président Béji Caïd Essebsi, en juillet.

Si vérole il y a, elle est aussi en Occident, où prolifèrent les intégristes et leurs idiots utiles, les islamo-gauchistes, qui, avec leurs épigones indigénistes, font la loi dans certains journaux, parfois dans les universités américaines ou françaises, ce qui mériterait un tome II au prophétique *Soumission*, de Michel Houellebecq.

En attendant, puissions-nous méditer, quand il est encore temps, l'avertissement du cheik Abdallah ben Zayed, ministre des Affaires étrangères des Emirats arabes unis, il y a deux ans : « Viendra le jour où l'on verra beaucoup plus d'extrémistes radicaux et de terroristes venant d'Europe, à cause du manque d'esprit de décision, de la volonté d'être politiquement correct, du sentiment de mieux connaître le Moyen-Orient et l'islam que nous. »

Le 22 août 2019

L'étrange mollesse de Macron face à l'islamisme

Macron a beaucoup de talent, mais on ne peut encore certifier qu'il ait des qualités d'homme d'Etat, autrement dit qu'il sache que l'Histoire est tragique, et qu'il puisse, dans certaines circonstances, se cabrer sur ses convictions.

Ses prédécesseurs Chirac ou Hollande, qui firent face à plusieurs vagues d'attentats, se tenaient droit et montraient les dents face à l'islamisme politique. Pas lui. Quand Macron déclare que le « port du voile dans l'espace public n'est pas l'affaire de l'Etat », il galèje. Il y a voile et voile. Le foulard, qui ne pose aucun problème, et le voile chariatique ou, pire, intégral (niqab ou burqa), tous deux interdits par la loi mais, hélas, tolérés partout.

Macron est-il naïf ? A-t-il simplement peur de se prendre une avoinée dans *Le Monde* ? Sur l'islamisme, qu'il n'ose même pas nommer – il parle de communautarisme –, il n'est pas clair. Devant la sombre inquiétude des Français, révélée par un sondage du *Journal du dimanche*[1], et après l'attentat à la mosquée de Bayonne, il promet d'annoncer des mesures. Soit. Mais depuis son arrivée à l'Elysée il n'a cessé de procrastiner. Il a même pu donner le sentiment, parfois, de tomber dans l'angélisme bêtasson qui, en la matière, tient lieu de ligne politique à La République en marche. Cette politique de la chiffe molle a installé le pays dans un climat délétère.

L'humoriste Yassine Belattar, un de ses proches, qui vient de démissionner du conseil présidentiel des villes, a pu menacer sans risque Jean-Michel Blanquer, ministre de l'Education nationale, trop laïque à ses yeux et coupable d'avoir déclaré que le port du voile n'était pas « souhaitable » en France : « Si j'étais lui, j'éviterais de mettre les pieds dans le 93. » On rêve. Que se passa-t-il ensuite ? Rien. Pas de mise en garde du CSA contre la radio du service public qui diffusait l'interview. Pas d'ouverture d'enquête par le parquet de Paris. Si Eric Zemmour avait dit ça…

1. 61 % des Français pensent que « l'islam est incompatible avec les valeurs de la société française ».

Tout le monde n'a pas le traitement de faveur de Yassine Belattar. Mohamed Sifaoui, par exemple. Il n'y a pas de mots pour qualifier ce qui vient de lui arriver : c'est la honte de la jungle, le déshonneur de la République. Cet excellent spécialiste de la radicalisation et de l'islamisme politique, auteur de *Taqiyya*[1], actuellement sous fatwa, a été contacté en 2017 par la Sorbonne pour préparer un projet sur la prévention de la radicalisation. Pendant deux ans, il a travaillé dessus, à ses frais, associant des historiens, des philosophes, des magistrats antiterroristes, etc. La formation devait commencer le 29 octobre avec une quarantaine d'imams affiliés à la Grande Mosquée de Paris, qui avait signé un accord avec l'université Paris-1.

Protestation des associations islamistes, comme l'impayable Collectif contre l'islamophobie en France. Indignation des syndicats d'enseignants et de la pathétique Unef, repaire d'agresseurs sexuels et d'islamo-gauchistes : ils protestent contre les « stigmatisations », les « amalgames ». Que croyez-vous qu'il arrive dans notre France de plus en plus pétainisée ? Sous la pression, on se couche et le projet confié à Mohamed Sifaoui tombe à l'eau. Qu'importe s'il combat depuis longtemps, avec courage, l'islamisme politique. Honte à nous. A chacun son Kurde.

Mais les temps changent. Un homme comme Mohamed Sifaoui n'est plus seul, désormais. Car, et c'est l'une des grandes bonnes nouvelles de l'année, la majorité silencieuse musulmane se rebiffe. Après la mise en cause d'une femme

1. Son nouveau livre, *Taqiyya ! Comment les Frères musulmans veulent infiltrer la France*, vient de paraître aux éditions de l'Observatoire. Passionnant, très documenté et informé aux meilleures sources. Ne le ratez pas. Vous serez édifiés.

voilée par un élu du RN, *Le Monde* a publié, comme à son habitude sur ces sujets, un texte débile et victimaire, signé par 90 personnalités, souvent du show-business, qui appelait à stopper la « haine contre les musulmans ». Rien, bien entendu, sur l'antisémitisme, qui continue de se propager en France dans une indifférence quasi générale.

Quelques jours plus tard paraissait une réponse bien envoyée à cette indigente pétition dans le magazine *Marianne* : la tribune des 100 musulman(e)s contre le port du voile, « sexiste et obscurantiste », qui « ne fait pas l'unanimité » dans leur communauté religieuse et qui « ne relève pas du culte, contrairement au jeûne du ramadan ou aux cinq prières quotidiennes ». « Françaises et Français », ils entendent se battre, disent-ils, « contre cette terrifiante vague néoconservatrice, venue des pays du Golfe arabo-persique il y a trente ans ». Ce sont bien les musulmans qui, désormais, mènent la lutte…

Le 31 octobre 2019

Au secours, la gauche revient !

La France d'après est une page blanche. Jean-Luc Mélenchon a parlé d'or quand il a déclaré au *Figaro*, à propos de la crise sanitaire : « C'est un temps propice aux grands basculements intimes et sociaux. »

Au diable, la « sagesse » budgétaire, les politiques dites « sérieuses » ! Partout, les planches à billets, chauffées à blanc, impriment de la monnaie de singe, ce qui n'est pas gentil pour les singes : les grandes puissances du G20 viennent de tomber d'accord pour injecter 5 000 milliards de dollars dans l'économie mondiale pour « contrer les répercussions » du coronavirus.

Le mélenchonisme serait-il devenu l'avenir de l'humanité ? Déjà connus pour leur laxisme, les dirigeants du monde seraient-ils en train de devenir marxistes ? Ce n'est pas le moment de faire de l'idéologie à la petite semaine. L'heure est au sauvetage général, aux nationalisations temporaires, aux plans de soutien, aux reports de charges, aux politiques de relance. Envoyez les milliards !

Dans la vie des nations, il faut un temps pour tout. Pour la paix, la guerre, la redistribution, la relance. A cause d'un virus transmis par des gouttelettes respiratoires, que des pays comme la Corée du Sud maîtrisent parfaitement, nous avons aujourd'hui à résoudre la plus grave crise depuis celle de 1929. Elle nous oblige à revoir tous nos logiciels.

Les pythies de la politologie nous annonçaient, il n'y a pas si longtemps, une propagation mondiale de la droitisation des esprits, sur fond de populisme. C'est le contraire qui va se passer : le coronavirus devrait remettre au goût du jour le dirigisme, l'Etat providence, les politiques économiques dites de gauche. Avec toutefois quelques bémols.

Quand la gauche mitterrandienne était au trente-sixième dessous, avant les élections législatives de 1986, le publicitaire Daniel Robert, déjà auteur de bonnes formules (« Un verre ça va, trois verres, bonjour les dégâts ! » ou « Tu t'es vu quand t'as bu ? »), avait trouvé un slogan pour le PS : « Au secours, la droite revient ! »

Sous sa forme caricaturale et thatchérienne, la droite

n'a, bien sûr, aucune chance de revenir, en ces temps d'urgence sanitaire : le discours libéral est en mode pause pour quelque temps. Mais si elle reprend certains thèmes de la gauche en chaussant les bottes sociales du volontarisme gaulliste ou rooseveltien, tous les espoirs sont permis. C'est ce qu'a compris, entre autres, Emmanuel Macron, recycleur patenté, triangulateur dans l'âme.

En attendant, la vieille gauche, qui croit pouvoir revenir des limbes où elle se ronge les sangs, a saisi l'aubaine du coronavirus pour faire le procès du libéralisme et de ce qu'elle appelle, avec la CGT et des associations écologistes, le « désordre néolibéral ». Les farceurs ! A les croire, il suffirait de se « délibéraliser » pour que la grippe disparaisse comme par enchantement. Défense de rire.

A la fin, c'est toujours la faute du libéralisme. Qu'on lui impute maintenant les pandémies venues de Chine, c'était donc dans l'ordre des choses. Pourquoi ne pas l'accuser, demain, des séismes et des éruptions volcaniques ? Il reste qu'il faut aujourd'hui savoir le dépasser si l'on veut tirer d'affaire nos systèmes économiques. En France, ce ne sera pas difficile : contrairement à la légende entretenue par tant de médias et d'enseignants aveuglés par leur militantisme, un pays où les dépenses publiques représentent 56 % de la richesse nationale ne peut être ontologiquement libéral.

Libéraux, les Etats-Unis le sont sans conteste. Mais force est de constater que leur président est un disciple – qui s'ignore – de John Maynard Keynes, l'économiste référent de la social-démocratie qui, après la grande crise de 1929, assurait que l'augmentation des dépenses publiques relancerait la machine économique. C'est ce que Trump n'a cessé de faire, à tout-va, comme le gouvernement socialiste de 1981. Gageons qu'avec le coronavirus, il va encore augmenter la mise.

Boris Johnson aussi est keynésien. Avant même la contagion, il avait fait opérer un tournant à 180 degrés au Parti conservateur en annonçant une relance des investissements publics dans les infrastructures, hôpitaux, écoles, transports ferroviaires. Présenté paresseusement par les chers confrères comme un « ultralibéral », il prétendait réindustrialiser son pays grâce à une politique de relance, tout en pérennisant par la loi le financement du service public de santé.

Quant à Angela Merkel, elle n'est plus Angela Merkel. Elle a déclaré qu'elle ferait passer la santé des Allemands avant le budget et le dogme du zéro déficit : « Ce qu'il faut faire, nous le ferons. » Dans la foulée, elle a lancé un plan de sauvetage de 1 200 milliards d'euros pour empêcher l'effondrement de l'économie allemande. La morale de tout cela, c'est qu'aujourd'hui, pour caricaturer, la droite fait de la gauche : elle n'a pas le choix.

Il sera bien temps de refaire du libéralisme quand il faudra fabriquer de la croissance pour rembourser les dettes !

Le 9 avril 2020

Islamisme et confinement : où est la sortie ?

N'est-il pas déjà trop tard ? Non. Observez comme, après la série noire des derniers attentats islamistes, les tenants islamo-gauchistes du déni rasent les murs, ces jours-ci. Ça nous fait des vacances. Encore que cette trêve n'empêche pas *Le Monde,* leur bible, de publier dans ses ridicules pages « Débats » une tribune dénonçant… l'« islamophobie d'Etat » qui régnerait en France. Bouffre !

Rien ne permet de dire que la France pourra enrayer, à défaut de l'éradiquer (ne rêvons pas), la grande offensive islamiste en cours contre elle. Si l'on veut éviter la guerre civile annoncée par les cassandres, il faudrait que notre pays se réveille, sorte de l'« avachissement » dénoncé jadis par de Gaulle, commence à recouvrer un peu de fierté et décide enfin d'appliquer partout, jusque dans le quartier le plus reculé, les lois de la République, sur lesquelles tant de nos concitoyens se font les pieds.

Le climat ne s'y prête pas quand c'est tous les jours Toussaint. Encloués dans un nouveau confinement alors que dévale sur eux la deuxième vague de coronavirus, les Français ont néanmoins fait preuve, jusqu'à présent, d'une dignité quasi christique après les derniers attentats, dont l'abjection montre l'incontestable consanguinité entre les totalitarismes nazi et islamiste, leur même volonté jamais dénuée de jouissance d'épouvanter les peuples qui sont leur proie.

Oyez la petite musique qui monte dans le pays et qui rappelle les anciens refrains pétainistes, quand le Maréchal nous intimait de vivre couchés devant l'occupant nazi : « Les dessinateurs de *Charlie* ont exagéré, il faut qu'ils se calment, que l'on puisse enfin recouvrer notre tranquillité. » Que l'on démissionne sur le blasphème, autorisé en France mais interdit en terre d'islam, c'est tout ce que les islamistes attendent, mais ça ne leur suffira pas. Demain, ils enfourcheront un nouveau cheval de bataille.

Leur offensive contre la France, terre de conquête, ne concerne pas seulement les caricatures de Mahomet et la question de la liberté d'expression. Ils entendent aussi nous faire changer de style, de traditions, de mode de vie, de tout. Certes, M. Macron avait raison de défendre notre modèle avec éloquence devant les caméras d'Al-Jazira, autrement dit Télé-Qatar, une chaîne de propagande islamiste. Mais sa belle et vibrante apologie était, d'une certaine façon, hors sujet.

Quel est le sujet, alors ? Cessons, pardonnez cette facilité, de nous voiler la face : ceux qui nous combattent, à l'intérieur comme à l'extérieur, veulent islamiser la République française, qu'ils considèrent comme le maillon faible de la vieille Europe. *Charlie* n'est qu'un prétexte. Ce n'est pas un hasard si, après les égorgements de la basilique Notre-Dame de Nice, des bandes de jeunes Turcs musulmans ont menacé de mort des Arméniens chrétiens, quand ils ne s'en sont pas pris à eux à coups de marteau, à Dijon ou à Décines, dans la banlieue lyonnaise, sous les yeux des forces de l'ordre impuissantes. Appelons un chat un chat, ces gens-là veulent importer le djihad et les pogroms en France.

Sommes-nous en train de devenir un pays où les catholiques iront à la messe sous protection policière, à laquelle ont déjà droit les juifs à l'école ou à la synagogue, pendant que les bien-pensants manifesteront, chaque dimanche, contre l'islamophobie, aux cris d'*« Allahou akbar »* ? Est-ce donc ça, le « vivre-ensemble » qui fait de la France une passoire et un fromage ? Il n'est que temps de nous ressaisir.

En ayant le courage de reprendre bloc par bloc tous les territoires perdus de la République. En faisant sauter tous les tabous sur l'immigration : nos terroristes étant souvent des migrants fraîchement arrivés, notre laisser-faire n'a aucune excuse. En appliquant les principes de « tolérance zéro » contre les associations, les mosquées ou les individus radicalisés. En donnant les pleins pouvoirs à Jean-Michel Blanquer, l'une des rares têtes bien faites de ce gouvernement, sur l'Education nationale, les universités, la politique de la ville, clés de tout.

Rien ne se fera sans les musulmans de France, qui ne sont pas ce que croient les démagos de l'islamo-gauchisme. Un sondage de l'Ifop pour la Fondation Jean-Jaurès révélait, il y a peu, que 74 % des musulmans de moins de 25 ans mettaient l'islam, donc d'une certaine façon la charia, au-dessus de la République. Des chiffres glaçants contredits, Dieu merci, par les musulmans de plus de 35 ans, qui étaient seulement 25 % sur la même ligne. Ce qui montre bien que tout n'est pas perdu, loin de là, n'en déplaise aux oiseaux de malheur.

Foin des jérémiades, nous sortirons du confinement comme de l'islamisme en nous aimant un peu plus, ce qui ne sera pas difficile, et l'avenir nous aimera !

Le 5 novembre 2020

Islamo-gauchisme : il faut sauver la soldate Vidal

Quand il pointe, le totalitarisme commence à étendre son emprise en refusant le débat, en empêchant par tous les moyens l'expression d'opinions dissidentes. Qui peut encore croire qu'il n'est pas à l'œuvre dans notre pays ?

Pour preuve, l'hystérie qui a saisi les médias, notamment dans le service public, ou bien la pétition de 600 universitaires, publiée dans *Le Monde,* temple de l'islamo-gauchisme, demandant « avec force », après ses déclarations, la démission de Frédérique Vidal, leur ministre de tutelle, jugée « indigne » de les représenter.

La « faute » de Mme Vidal : avoir évoqué « l'islamo-gauchisme [qui] gangrène la société dans son ensemble », avant d'ajouter, délicieux euphémisme, que l'université n'y est pas « imperméable ». Cette question, déjà soulevée par Jean-Michel Blanquer, pouvait mériter discussion. Au lieu de quoi, la ministre n'a eu droit qu'à un tissu d'insultes de caniveau.

Sous la houlette de Thomas Piketty et de Dominique Méda, les deux « penseurs » de Benoît Hamon, le Oui-Oui naufrageur de la gauche pendant la dernière campagne présidentielle, le texte anti-Vidal dénonce dans la plus pure tradition stalinienne « l'indigence » de la ministre « ânonnant le répertoire de l'extrême droite sur un islamo-gauchisme imaginaire ».

Imaginaire ? Ces universitaires sont affligés de scotomisation, c'est-à-dire, dans le langage de la psychopathologie, d'un refus inconscient de percevoir une réalité pénible. Une conduite d'évitement et de refoulement qui est la marque d'une névrose. Mais dans quel monde magique ces féodaux vivent-ils pour ne pas voir les vérités qui crèvent les yeux ?

Pour une fois que les bien-pensants demandaient la tête d'une ministre et non l'interdiction d'antenne d'Eric Zemmour toutes affaires cessantes, ça fait des vacances au chroniqueur de CNews ! Mais nous voilà bien en plein maccarthysme à l'envers : contrairement à ce qui se passait dans les années 1950 aux Etats-Unis, ce ne sont plus les communistes qui sont pourchassés mais les questionneurs, les esprits libres, les ministres dissonants.

Après son crime de lèse-majesté, Mme Vidal a été étrillée aussi avec la même virulence stalinienne par les présidents d'université dans un communiqué méprisant. Fussent-ils de gauche, les mandarins détestent toujours rendre des comptes, ils ont la science infuse, que voulez-vous ! A eux seuls de décider de ce qu'il faut faire de l'argent des contribuables, quitte à rendre obligatoire l'écriture inclusive, quitte à imposer, si ça leur chante, les inepties des décoloniaux ou des islamo-gauchistes, racistes inconscients, qui, avec leurs injonctions à la bigoterie, entendent enclouer tous les Arabes dans une religion.

« La stratégie des communautaristes maquillés en antiracistes consiste à faire passer le blasphème pour de l'islamophobie et l'islamophobie pour du racisme. » C'est ce que leur répondait déjà Charb dans un texte prophétique[1], deux jours avant le carnage de *Charlie Hebdo*, où il fut le premier à trouver la mort, avant ses amis Cabu, Wolinski et les autres. Longtemps collaborateur régulier de *L'Humanité*, il n'avait pas la réputation d'être d'extrême droite, argument débile utilisé par ses contempteurs contre Mme Vidal. « Il n'y a pas de race islamiste », disait-il.

Reviens, Charb, ils sont devenus fous ! Le CNRS n'a pas mieux réagi, comme s'il n'appréciait pas l'humour

---

1. *Lettre aux escrocs de l'islamophobie qui font le jeu des racistes*, par Charb, Librio.

noir, volontaire ou non, de Mme Vidal : demander à cet organisme public de diligenter une enquête sur l'islamo-gauchisme à l'université, c'est, toutes proportions gardées, comme demander à un assassin de mener une enquête sur le meurtre qu'il a commis ! La direction a déclaré – ça ne s'invente pas – que « l'islamo-gauchisme, slogan politique utilisé dans le débat public, ne correspond à aucune réalité scientifique ». Circulez, il n'y a rien à voir.

Science, que de bêtises dit-on en ton nom ! Comme l'a observé l'une des grandes chercheuses du CNRS, Florence Bergeaud-Blackler, auteure d'un livre fondamental, *Le Marché halal ou l'invention d'une tradition*[1], la « science » n'a rien à voir là-dedans : l'islamo-gauchisme désigne « l'alliance de l'islamisme et du gauchisme, mortifère pour la pensée, l'université », etc. Et d'observer, non sans humour, qu'aucun des pétitionnaires ne travaille, comme elle, sur l'islam en Europe. Sinon, dit-elle, cette « réalité politique » ne leur aurait pas « échappé ».

Si l'on pouvait encore émettre quelques doutes sur la réalité de l'islamo-gauchisme et de sa puissance dans l'université, la violence outragée de ses petits chefs les a enfin levés. Merci, Mme Vidal !

Le 25 février 2021

1. Editions du Seuil, 2017.

Ces « immigrés » qui défendent la France contre l'islamo-gauchisme

« Pétain est revenu, ou quoi ? » Il n'y a pas si longtemps, un vieil ami algérien, de passage à Marseille, disait à l'auteur de ces lignes : « Chaque fois que je traverse la Méditerranée, j'ai un choc. C'est comme si les islamistes avaient contaminé vos élites et occupaient, chez vous, tous les postes de pouvoir. Dans les médias, notamment. – Tu exagères ! – Un peu, oui, mais la situation ici n'a rien à voir avec ce qui passe chez nous, où toutes les personnes sensées sont contre les islamistes. »

On ne donnera pas le nom de cet ami pour qu'il n'ait pas d'ennuis, mais il a raison : la France « blanche » d'en haut – pour parler le français racisé à la mode – est « avachie », comme disait de Gaulle. Quand des bouffons qui se disent universitaires ne prétendent pas que l'islamo-gauchisme n'existe pas « scientifiquement », ce sont les stipendiés du tout-Etat qui s'indignent que l'on ose parler de désindustrialisation ou de déclin français, des « lubies de scrogneugneux ».

La vieille pente vichyssoise des élites françaises les a déjà amenées, parfois, à « comprendre » la tuerie de l'équipe de *Charlie* par des islamistes (relire Despentes ou Plenel). Après chaque attentat, une petite musique nous intime de faire des concessions sur le voile intégral et, surtout, sur le délit de blasphème, auxquels il serait vain, voire honteux, de continuer à s'opposer : ils sont dans le sens de l'Histoire et permettront, quand ils seront légalisés, de racheter « les crimes contre l'humanité », comme dirait Macron, perpétrés par « nos ancêtres coloniaux ».

Pour suivre l'exemple venu d'en haut, chez Jupiter, il faudrait s'excuser d'être un Français – mot auquel, au train où vont les choses, nous devrons bientôt enlever la majuscule. Si le salut vient un jour, ce sera moins grâce à la France « blanche » qu'à la « brune » ou à la « noire » : observez comme le combat pour l'universalisme, les Lumières, notre langue, les valeurs de notre cher et vieux pays est de plus en plus souvent mené par nos compatriotes d'origine immigrée, souvent des femmes, révoltés par la tyrannie de la bêtise et de la bigoterie. Ce sont celles-ci et ceux-là qui sauvent l'honneur de notre modèle qui, s'il n'est pas perdu, ne semble plus bien vaillant.

Dans les librairies, c'est une « invasion », comme dirait l'autre. Paraissent la semaine prochaine les livres – des bijoux – de deux des Françaises les plus douées du moment, sur lesquels nous aurons, bien sûr, l'occasion de revenir. *Les Nostalgériades* (Cerf), de Fatiha Agag-Boudjahlat, est un essai sur la nostalgie, l'Algérie et les jérémiades par la reine de l'ironie, par ailleurs professeure de lycée, qui manie, comme personne, l'humour et la rhétorique contre les islamistes dans ses combats en faveur du féminisme et de la laïcité.

Insoumission française (L'Observatoire), de Sonia Mabrouk, est un manuel de combat contre la décivilisation en cours. L'auteure – figure charismatique, l'une des meilleures, sinon la meilleure, journalistes de sa génération – déconstruit le culte de la contrition et de la vindicte pratiqué par les décoloniaux, les ultra-féministes ou les écolo-gauchistes façon « Strasbourgistan ».

Il n'y a pas d'orgueil à être français, nous disait jadis Georges Bernanos, patriote s'il en fut. Mais il n'y a aucune raison, aussi, d'en avoir honte. C'est le sens du message de ces deux femmes admirables et « bien trempées », épithètes qui conviennent aussi à Claire Koç. Cette dernière publie un livre bouleversant qui en dit long sur la haine de soi, en passe de devenir notre nouvelle religion d'Etat.

Dans *Claire, le prénom de la honte* (Albin Michel), Claire Koç raconte sans pathos le supplice d'une fille d'immigrés qui a décidé de s'assimiler envers et contre tout, jusqu'à changer de prénom, sans renier pour autant son identité. Magnifique. Dans un autre genre, la première femme imam en France, Kahina Bahloul, met en pièces dans *Mon islam, ma liberté* (Albin Michel) les falsifications qui permettent aux islamistes d'assigner les femmes à résidence et au voile. Edifiant.

Les mâles, comme on dit dans la novlangue du « genre », ne sont pas en reste. Avec Amine El Khatmi, l'intrépide président du Printemps républicain, Mohamed Sifaoui est l'une des figures de proue de l'anti-islamisme à la française. Dans *Les Fossoyeurs de la République* (L'Observatoire), un essai jouissif, il démonte avec une verve documentée les gourous, les imposteurs et les petites frappes de l'islamo-gauchisme.

Ironie de l'Histoire : ce sont des Blancs qui, en France, militent pour l'islamo-gauchisme, tandis que ce sont des Français issus de l'immigration, mille mercis à eux, qui forment les troupes de choc de l'anti-islamisme.

Le 8 avril 2021

Le « sinistrisme » de cette gauche qui joue Le Pen

Mitterrand, réveille-toi, ils sont devenus fous ! De même que la France aurait besoin d'un nouveau de Gaulle qui la remette debout et la réforme de fond en comble, il faudrait à la gauche un avatar de Mitterrand qui la réinvente.

Pour bien avancer, une démocratie a besoin de deux pieds : la droite pour produire et la gauche pour redistribuer. Force est de constater que, si la première n'est pas bien vaillante, la seconde part en biberine, comme on dit à Marseille.

Les grosses lunettes idéologiques de la gauche l'empêchent de voir la réalité. Plus les policiers sont attaqués ou égorgés par des islamistes appelés désormais « schizophrènes radicalisés », plus elle dénonce les « violences policières », à l'image infatuée d'Audrey Pulvar, tête de liste socialiste en Ile-de-France, qui jugeait « glaçante » la manifestation d'une profession qui pleurait ses morts !

Appartenant désormais à la famille des psittacidés, comme les perroquets, la gauche s'en tient au même discours gnangnan, entre déni et radotage : c'est vrai au PS, chez les « escrologistes » d'EELV, à La France insoumise ou dans les puissants médias officiels de la bien-pensance. Un exemple parmi d'autres : tandis que des Français sont régulièrement tués dans notre pays parce qu'ils sont juifs, elle s'est obstinée à manifester, pour des raisons bassement électorales, contre l'islamophobie qui, jusqu'à nouvel ordre, n'a pas tué.

Après avoir torpillé François Hollande, il y a quatre ans, au nom de la pureté et de la « gauchitude », une partie des frondeurs est allée à la soupe chez Emmanuel Macron, où elle a été bien servie, tandis que le reste de la gauche s'est subdivisé façon puzzle en une multitude de chapelles plus à gauche les unes que les autres, s'éloignant ainsi de toute perspective de retour au pouvoir. Tels sont les effets de son « sinistrisme ».

Le « sinistrisme » – à ne pas confondre avec la sinistrose – est un extraordinaire néologisme, plus actuel que jamais, forgé en 1932 par Albert Thibaudet à partir du latin *sinistram* (gauche). Professeur érudit, drôle et bon vivant, cet homme était le grand critique littéraire de l'entre-deux-guerres – son *Gustave Flaubert* est un classique – qui effectua plusieurs incursions géniales dans la politologie. Notamment en résumant, en une seule expression, un travers politique de la France qui aura duré plus d'un siècle.

La pente douce de la gauche selon Thibaudet[1] est de suivre un mouvement sinistrogyre, toujours plus à gauche toute. Au siècle dernier, le Parti radical fut peu à peu repoussé vers la droite par les socialistes de la SFIO, qui furent ensuite supplantés par les communistes, eux-mêmes détrônés, ces dernières décennies, par les trotskistes, puis par La France insoumise, comme dans une histoire sans fin.

La droite – c'est aussi sa chance – n'a jamais subi très longtemps des poussées dextristes – d'après le latin *dextram* (droite). C'est pourquoi elle a tendance à raser les murs et peine à s'assumer vraiment. La preuve, le mot

1. *Réflexions sur la politique*, coll. « Bouquins », Laffont 2007.

« droite » est rarement apparu, au cours de l'Histoire, dans les noms de ses groupes parlementaires au Palais-Bourbon. Entre quelques retours en arrière, nous avons donc vécu avec une droite de moins en moins à droite et une gauche qui dérivait de plus en plus à gauche, triste exception française.

« Il est loin le temps où la gauche pariait sur l'émancipation de l'individu », écrit Céline Pina, ancienne élue socialiste, dans *Ces biens essentiels*[1], un bijou de sincérité. Et d'ajouter : « Aujourd'hui, elle mise sur la gestion du troupeau. » Même s'il ne faut jamais dire jamais, on ne voit pas comment cette gauche couchée, idéologiquement à la ramasse et aux mains de doctrinaires, pourrait marquer des points aux régionales ou à la présidentielle.

Robespierriste, fascinée par la violence et coupée du pays réel, la gauche de cette gauche n'a plus qu'une seule carte, conforme à ses aspirations apocalyptiques, qu'elle jouera sans doute à fond en 2022, mais en veillant à ce que ça ne se voie pas trop : l'élection de Marine Le Pen, qui rebattrait le jeu et lui permettrait de se refaire une santé, en attendant le Grand Soir. La présidente du Rassemblement national s'étant banalisée, les arguments moraux d'antan ne seront plus pertinents. Quant au « front républicain » – « Tous contre le RN » –, on peut douter qu'il fasse recette.

Marine Le Pen aussi aura ses « idiots utiles » qui tableront sur l'hystérisation et la « trumpisation » du pays. Voyez comme ils frétillent déjà…

Le 3 juin 2021

---

1. Coll. « Bouquins », Laffont, 2021.

Il vaut mieux être de gauche

On peut s'étonner qu'il y ait encore, en France, autant de gens de droite. N'ont-ils pas compris où est leur intérêt ? Il vaut mieux être de gauche, la vie est plus facile.

A gauche, on a tout, ou presque. La bonne conscience, la digestion douce, la bienveillance des médias. Avec, parfois, beaucoup d'argent. Vous pouvez, de surcroît, impressionner, sans risque de « dérapages », dans les dîners en ville, en psalmodiant les saintes écritures du *Monde*.

Même si, depuis le début du siècle, la gauche est passée d'un gros tiers à un quart de l'électorat français, elle jouit d'une domination culturelle et fait encore la loi dans les esprits. Il suffit de l'invoquer comme le futur saint Paul invoquait jadis le Christ pour se retrouver subitement lavé de tous les péchés du monde.

Pensez-y, pour votre prochaine vie : soyez de gauche une fois pour toutes ! Après, vous serez tranquille, zéro tracas, aussi innocent que l'agneau qui vient de naître. C'est une position gratifiante et confortable qui vous évitera d'avoir des comptes à rendre. Vous serez ontologiquement absous.

Pardonnez cette caricature, mais qu'on nous permette d'avoir la nostalgie d'une gauche combattante, inquiète, qui, au temps de Jaurès et Clemenceau, se cherchait sans se trouver, tout en écrivant de belles pages de l'histoire de France. Elle était loin, alors, d'imposer sa doxa depuis ses positions de pouvoir dans la société civile.

Idéologiquement puissante, la gauche n'est plus ce qu'elle était, électoralement parlant. Ce qui explique le tracassin de Jean-Luc Mélenchon. Il ne supporte pas l'idée que la prochaine élection présidentielle soit déjà jouée – ce qui reste à prouver –, avec le face-à-face annoncé entre Macron et Le Pen au second tour. D'où ses derniers déraillements.

Imaginez la bronca si un politicien de droite avait été, comme Mélenchon l'autre dimanche, atteint d'une crise de complotisme subaiguë, prédisant des attentats avant la présidentielle de 2022 et laissant entendre, entre autres fadaises, que la mortelle randonnée de Mohammed Merah aurait pu être orchestrée par le « système », en 2012.

Ça passe. Mal. Mais ça passe. « Donald » Mélenchon a fait du Trump, qui, avec ses « faits alternatifs », horrifiait les médias, la bien-pensance, les gardiens de l'ordre idéologique. Mais, après un moment de stupéfaction, ils ont pardonné au chef de La France insoumise. Que voulez-vous, contrairement à l'ancien président américain, il fait partie du camp du Bien. La preuve, il manifestait encore, dimanche dernier, à Paris, contre l'extrême droite.

Dans notre monde sans repères, avez-vous noté comme les coupables désignés à la vindicte publique sont beaucoup plus souvent à droite qu'à gauche ? Ainsi Jean-Claude Gaudin, ancien maire de Marseille, fut sans cesse mis en cause par les médias après l'écroulement d'immeubles insalubres de la rue d'Aubagne, en 2018 (huit morts), tandis qu'Anne Hidalgo, son homologue de Paris, était exonérée de l'explosion de la rue de Trévise, en 2019 (quatre morts), même si des experts ont pointé du doigt le « défaut de vigilance » des services de la ville.

Deux poids, deux mesures. Tel est notre nouveau système métrique. A l'instar de l'hémiplégique Parquet national financier, machine de guerre ultrapolitisée, la justice choisit ses cibles à droite plutôt qu'à gauche, dans l'esprit du tristement célèbre « mur des cons » du Syndicat de la magistrature. « Vérité » en deçà de LR, « erreur » au-delà.

La justice passe, mais de travers et d'un seul côté. L'information aussi. Quand une procession de catholiques est attaquée par des « antifas » à Paris, le mois dernier, le silence de la plupart des médias est assourdissant. Comme si nos chers confrères ne voulaient pas stigmatiser l'extrême gauche, à moins qu'ils n'aient jugé que tout défilé de catholiques, fût-il « bon enfant », était une manifestation de l'ultradroite !

A l'appel de plusieurs paroisses et du diocèse de Paris, ces fidèles avaient eu l'idée « révoltante » d'honorer leurs morts, en l'espèce la mémoire des religieux, martyrs de la Commune, fusillés par les fédérés athéistes, en 1871. Ils ont été violemment pris à partie par des militants encagoulés de l'ultragauche fascistoïde qui les traitaient de… « fachos ».

Les black blocs bénéficient d'une complaisance sans nom. C'est un « mouvement sans masse », selon la formule de Christophe Bourseiller, auteur d'une passionnante *Nouvelle Histoire de l'ultra-gauche*[1], qui remonte à loin. Mais ces temps-ci, il est dans l'air du temps, qui souffle des Etats-Unis. Bienvenue dans la culture *woke* et de la suspicion, où chacun est le « facho » de quelqu'un !

Le 17 juin 2021

1. Editions du Cerf, 2021.

7.

JUSTICE, LES HYENES ET LES MOUTONS

L'honneur perdu de la justice

« L'espérance est un risque à courir », disait Georges Bernanos. Courons-le. Quand l'abjection prend le dessus et que la justice tombe dans un cul-de-basse-fosse, mieux vaut sortir de chez soi et marcher longtemps, en respirant à fond la tiédeur printanière, au milieu des chants des merles.

Le jour finira bien par se lever un de ces matins. En attendant, ce n'est pas tant la décision de la Cour de cassation sur l'affaire Sarah Halimi qui choque aujourd'hui. Il eût fallu beaucoup d'illusions sur la justice de notre pays pour être sûr qu'elle ne conclurait pas à l'« irresponsabilité pénale » de son meurtrier : c'est dans l'air du temps et on sait qu'avec elle il faut toujours s'attendre à tout, à commencer par le pire.

Révoltant est le silence assourdissant d'une classe politique qui, à part Christian Estrosi ou Marine Le Pen, n'a pas osé condamner l'arrêt de la Cour de cassation, symbole d'une justice hémiplégique. Une décision historique qui permet à Kobili Traoré, l'assassin de Sarah Halimi, d'échapper au procès et, après son ignoble forfait, de continuer à couler des jours paisibles dans le centre psychiatrique d'où il pourra, selon toute vraisemblance, sortir bientôt.

Désormais, les bourreaux sont les victimes et les victimes, les bourreaux, il faut vous y faire : telle est la philosophie, si l'on ose dire, d'une partie non négligeable de notre magistrature qui n'a jamais de comptes à rendre. L'autre jour, François Molins, l'un des pontes de la Cour de cassation, se tortillait ainsi à la télévision en expliquant sans rire qu'il comprenait « l'émotion des gens qui ne connaissent pas la loi et les procédures », avant de rappeler que le juge est là pour appliquer la loi, « pas pour la faire ». Fadaises !

Pas coupable et même pas responsable, l'homme qui a tué Sarah Halimi, sa voisine, une sexagénaire de confession juive, dans la nuit du 3 au 4 avril 2017, à Belleville ? Pendant une quarantaine de minutes, Kobili Traoré, familier de la tristement célèbre mosquée Omar de la rue Jean-Pierre-Timbaud, repaire d'islamistes radicaux, a roué de coups sa voisine en récitant les versets du Coran. Puis, après ce supplice, il l'a jetée du troisième étage en criant plus d'une dizaine de fois : *« Allah Akbar »*.

Mais ce n'était pas sa faute, que voulez-vous : le pauvre chat était atteint d'une « bouffée délirante aiguë », il avait abusé du cannabis, encore que le taux de THC, principe actif de cette drogue, relevé dans son sang, fût modéré. Après que Daniel Zagury, monument national de l'expertise psychiatrique, eut écarté l'abolition (mais pas l'altération) du discernement du condamné, l'instruction n'a consisté, sans mener de véritable enquête, qu'à contredire ce premier diagnostic, comme pour faire valoir l'irresponsabilité pénale du meurtrier. Il n'a même pas été procédé à une reconstitution des faits, sans doute pour ne pas le traumatiser !

S'agit-il d'un permis de tuer les juifs sans risque judiciaire ou d'une exonération systématique des islamistes (à ne pas confondre avec les musulmans) qui, pour une fraction de la gauche, sont toujours dans le camp du Bien ? C'est la question que pose, hélas, la décision de la plus haute autorité d'une justice en déroute. Rien ne tient dans ce dossier, à commencer par la capacité de l'assassin à réciter des versets du Coran alors qu'il avait soi-disant perdu… la tête.

La loi stipule que « n'est pas pénalement responsable » la personne qui, au moment de son crime, est atteinte d'un trouble psychique ou neuropsychique ? En déclarant que Kobili Traoré est aussi innocent que l'agneau qui vient de naître, la Cour de cassation ouvre la voie à une jurisprudence qui permettra à ceux qui auront tué, sous l'emprise de l'alcool ou de substances, de demander la relaxe sous prétexte qu'ils étaient « victimes » d'une bouffée délirante aiguë.

Le Monde n'a pas évoqué, à propos de ce jugement, les « heures les plus sombres de notre Histoire », selon sa formule favorite, mais le rapprochement eût été bienvenu. En 1940, à part le seul et admirable Paul Didier, tous les juges prêtèrent serment au maréchal Pétain avant d'appliquer sans sourciller les lois d'exception qui faisaient des juifs des citoyens de second ordre.

Pendant les années 1940, les magistrats français furent souvent à l'image du sinistre André Mornet : président de chambre honoraire à la Cour de cassation, il devint l'un des piliers de la justice de Vichy avant d'être nommé procureur général près la Haute Cour de justice où, à la Libération, il requit, toute honte bue, la peine de mort contre Pétain et Laval ! Sartre n'a rien fait d'autre, après une attitude pour le moins ambiguë sous Vichy, en s'empressant de parader au comité d'épuration après le départ des nazis.

M. Macron avait émis le souhait que l'assassin de Sarah Halimi soit jugé. La Cour de cassation vient de lui faire un bras d'honneur. Mais, à cette occasion, n'a-t-elle pas perdu son honneur ?

Le 22 avril 2021

Au secours !
le gouvernement des juges est arrivé

Le gouvernement des juges n'est plus un sujet de dissertation, un cas d'école, déconnecté des réalités. Depuis des années, de mèche avec les Torquemada de la presse, il marque des points, les cagots du Camp du Bien nous intimant de nous soumettre à sa loi.

Certes, il y a encore des grands magistrats indépendants. Mais on peut se demander s'ils ne sont pas en voie de marginalisation devant le couple infernal juge-journaliste, as du lynchage, qui s'est encore distingué dans l'affaire Mélenchon. S'enivrant de son pouvoir, cette justice laisse la bride à son hubris.

Troublantes sont les affaires Bayrou, Fillon, Sarkozy ou Marine Le Pen, tant les magistrats chargés des dossiers ont semblé fébriles, politisés, en tout cas pas sereins. De plus, tout le monde a pu observer que, par une étrange coïncidence, c'était presque toujours la droite qui se trouvait visée. Cher Laurent Wauquiez, méfiance, vous êtes sûrement le prochain sur la liste. De là à penser que cette opération anti-Mélenchon est censée équilibrer une balance qui penchait fâcheusement d'un seul côté…

Autant vous dire que l'auteur de ces lignes, libéral-libertaire convaincu, n'est pas mélenchoniste. Mais l'honnêteté oblige à s'étonner que les juges s'intéressent à ce point aux comptes de sa campagne présidentielle (10 millions) alors qu'elle fut infiniment moins dispendieuse que celle de Benoît Hamon (15 millions) à qui chaque voix aura coûté… 6,50 euros. Il est vrai que ce dernier reste la coqueluche, comprenne qui pourra, de la camarilla judiciaro-médiatique à l'œuvre ces temps-ci.

La honte du « mur des cons » en dit long sur le dévoiement des mœurs judiciaires. Grâce au journaliste Clément Weill-Raynal, aussitôt dénoncé par une partie de sa profession, nous avons appris en 2013 que, sur un mur du siège du Syndicat de la magistrature, des photographies de « cons » étaient exposées à la vindicte des magistrats. Que des personnalités de droite, bien entendu : Sarkozy, Fillon, Alliot-Marie, Morano, Hortefeux et puis aussi… des parents de victimes de tueurs. Le tout avec des commentaires débiles, répugnants. Comme dirait l'autre, quand l'abjection dépasse les bornes, elle n'a plus de limites.

C'est péché de critiquer la justice, paraît-il. Que l'on me pardonne donc d'apporter une note discordante à l'incroyable unanimisme d'une presse panurgiste, en pâmoison à 99,99 % devant une machine judiciaire qui ne respecte plus que la présomption de culpabilité et piétine allègrement la présomption d'innocence. En voilà une nouvelle preuve avec cette affaire Mélenchon. Dans la foulée des perquisitions, il a certes tenu des propos outranciers, affirmant par exemple qu'il fallait « pourrir » les journalistes de France Info dont nous sommes, bien sûr, solidaires.

Mais, sans se prononcer sur le fond du dossier judiciaire, était-il bien nécessaire de mobiliser 100 policiers, mardi dernier, pour une dizaine de perquisitions alors que quelques personnes auraient suffi pour récupérer les disques durs, comme ce fut le cas pour le MoDem ? Pourquoi ne pas avoir envoyé des tanks, des hélicoptères, des Rafale, pendant qu'on y était ?

La démesure de l'opération montre la folie du système. Elle a mis Mélenchon en colère, ce qui n'est jamais difficile avec lui, qui a la véhémence facile, tonitruante. Il galèje quand il voit la main de Macron dans cette histoire. Mais comment lui donner tort quand il dit qu'Edwy Plenel, président de Mediapart, autoproclamé grand justicier national, est « le chef de tout ça », les autres journalistes étant « juste des pantins qui font ce qu'il dit » ? Ou quand il affirme que nos chers confrères sont « comme les moutons, il y en a un qui court, tous les autres courent derrière » ?

Comme pour prouver que les magistrats et les journalistes travaillent en connivence, les perquisitions étaient à peine terminées que, déjà, Mediapart publiait « les premières découvertes » de l'enquête, à commencer par la « proximité » de Jean-Luc Mélenchon avec la communicante Sophia Chikirou, soupçonnée de surfacturations de prestations pendant la campagne de 2017 ; selon le site, l'ancien candidat entretiendrait même avec elle « de longue date » « une relation intime régulière », ce que l'intéressé dément avec force. Comment ces gens-là osent-ils prétendre qu'ils savent ce qui se passe sous les couettes ? La classe !

Mais jusqu'à quand l'« investigation » consistera-t-elle à recopier les PV fournis par les enquêteurs ? Est-il sain pour la démocratie qu'une petite coterie journalistico-judiciaire ait droit de vie et de mort sur les élus ? La justice, la vraie, n'est-elle pas en train de crever de ce mélange des genres, au profit d'un tribunal populaire permanent qui condamne, comme pendant la Terreur de 1793, à la tête du client ? Pour en finir avec l'irresponsabilité des magistrats, il est temps de songer à une réforme de la justice pour que les magistrats aient, comme toutes les professions, à répondre de leurs actes. Devant le suffrage universel, par exemple…

Le 25 octobre 2018

Halte à la justice politique !

Les Français adorent donner, en levant un index vertueux, des leçons de morale au monde entier. On conviendra qu'il y a beaucoup à dire sur les régimes russe, chinois, turc, etc. Nous devrions cependant méditer plus souvent la célèbre parole du Christ : « Pourquoi vois-tu la paille qui est dans l'œil de ton frère mais n'aperçois-tu pas la poutre qui est dans le tien ? »

La poutre de la parabole, c'est l'état de la justice française, de plus en plus partisane, qui n'est pas sans rappeler, dans certains cas, celle qui prévaut dans les républiques bananières. Loin de nous l'envie de rouscailler ou de pleurnicher sur les ennuis judiciaires de M. Balkany : en l'espèce, il faut que justice passe. Mais comment ne pas éprouver un malaise devant l'acharnement judiciaire dont sont victimes plusieurs personnalités politiques ?

Edifiant est le cas de Nicolas Sarkozy, l'ami de Patrick Balkany. Bête noire de l'ancien président sous son quinquennat, l'auteur de ces lignes, qui ne saurait être taxé de sarkozysme, n'en est que plus à l'aise pour s'indigner de l'attitude de la justice à son égard. Comme si elle voulait le mettre hors-jeu, elle fait preuve d'un acharnement certain, avec le raffinement des experts en supplices chinois. Qu'il ne soit pas blanc-bleu, comme l'attesterait, selon les juges, son usage immodéré de coupures de 500 euros, c'est possible. Mais ne sortent-ils pas de leur rôle en essayant de l'abattre par tous les moyens ?

M. Sarkozy avait prévu d'effectuer son grand retour sur la scène politique après l'échec annoncé de la liste LR aux européennes. La preuve ? Il avait déclaré à propos des Républicains : « Je les aime beaucoup, mais ce n'est plus mon quotidien. » Comme l'ancien président est du genre à dire, la main sur le cœur, le contraire de ce qu'il va faire, la déduction crevait les yeux : cet « homme providentiel » professionnel allait bientôt se dévouer (encore une fois) pour « sauver » sa famille politique. Dans cette perspective était prévue la publication d'un nouveau livre, son quatrième, une piquante sarkozynade à succès : *Passions*. Le farceur !

La justice a mis ce beau plan média à l'eau. Comme l'écrivait La Fontaine à propos de la chute du pot au lait de Perrette : « Adieu veau, vache, cochon, couvée. » Adieu, la présidence de LR. La Cour de cassation a décidé d'envoyer M. Sarkozy en correctionnelle pour corruption : l'ancien président est soupçonné d'avoir tenté, en 2014, de suborner un haut magistrat à qui il aurait soutiré des informations confidentielles au sujet de l'affaire Bettencourt, qui, croyait-il alors, le menaçait. Tout ça en échange d'un coup de pouce pour la nomination à un poste prestigieux à Monaco, ce qu'il n'a finalement pas fait. En somme, une histoire de corneculs.

Il y a, comme dirait l'autre, congre sous rocher. Résumons. Les magistrats avaient mis sur écoute Nicolas Sarkozy et son avocat, Thierry Herzog, dans le cadre de l'enquête sur les soupçons de financement de sa campagne présidentielle de 2007 par la Libye de Mouammar Kadhafi. Ils sont tombés par hasard sur l'affaire de trafic d'influence présumé, en déployant des écoutes au long cours, « à filets dérivants », sur les téléphones « secrets » des deux hommes. Elles ont permis d'accrocher l'ancien chef de l'Etat qui, pour l'occasion, se faisait appeler Paul Bismuth. Et voilà une nouvelle casserole à ses basques. Quand on enquête à charge, on ne mégote pas : tout est bon dans le cochon !

Avec ses journaux officiels, *Le Monde* et Mediapart, le Parquet national financier (PNF) est devenu une machine de guerre contre à peu près tout le monde, mais surtout la droite, à l'exception du pouvoir en place, qu'il ménage soigneusement. Incarnation de la justice politique, il entend en finir avec Nicolas Sarkozy en menant sur lui, avec l'indolence d'une limace rhumatique, plusieurs enquêtes simultanées. Après avoir mis hors jeu François Fillon lors de la dernière campagne présidentielle ou cherché en vain des poux à Jean-Claude Gaudin à Marseille, le voici qui vient de s'inviter sans vergogne dans la bataille des municipales à Lyon en ouvrant une enquête, à moins d'un an du scrutin, sur un éventuel détournement de fonds publics prétendument perpétré par Gérard Collomb, le maire, au profit de son ex-compagne. Message reçu ? Voilà ce qu'il en coûte d'avoir mauvais esprit ! Et pourtant nous ne sommes pas en Turquie ni au Venezuela !

Les sicaires du PNF, d'ordinaire si molasses, n'auraient-ils pas pu attendre un peu, par décence ? Au rythme où vont les choses, les auditions auront lieu pendant la campagne des municipales et l'ordonnance de renvoi sera publiée la veille du second tour. Ça s'appelle une ingérence judiciaire et c'est indigne d'une démocratie comme la nôtre. M. Macron devrait y penser avant que le PNF, pour se refaire une santé, se retourne un jour contre les siens.

Le 27 juin 2019

Justice, qu'as-tu fait de ta balance ?

S'il y avait une statue à déboulonner d'urgence, ce serait celle de la justice française. Métaphoriquement s'entend, ne participons pas à la débilité ambiante. Quand elle se mêle de politique, elle devient souvent folle, sectaire, partisane.

Pourquoi l'effigie de la justice porte-t-elle encore sur les yeux un bandeau, symbole d'impartialité, ou dans la main gauche la balance de Thémis, qui représente l'équité ? Sur les affaires politiques, elle n'a plus l'usage ni de l'un ni de l'autre. Lui reste toujours le glaive (à un seul tranchant) qu'elle utilise souvent en dépit du bon sens.

Il y a quelque chose de vicié dans la justice française. Si beaucoup de magistrats continuent, Dieu merci, de juger en droit, nombreux sont ceux qui souffrent de la « tournairite », du nom du fameux juge Serge Tournaire, qui a instruit à charge les dossiers de MM. Fillon et Sarkozy. Aux yeux de cette engeance militante, naviguant généralement dans les eaux de l'ultragauche, la justice n'est que la continuation de la politique par d'autres moyens.

Sous la signature de Marc Leplongeon, le site du *Point* a révélé, la semaine dernière, les incroyables déclarations de la procureure Eliane Houlette devant la commission d'enquête parlementaire sur l'indépendance de la justice. Ancienne cheffe du Parquet national financier (PNF), elle a évoqué une « pression très lourde » de sa hiérarchie pendant l'affaire Fillon, lors de la dernière campagne présidentielle, allant jusqu'à dénoncer « un contrôle très étroit ».

Comme il s'agit apparemment d'un scandale d'Etat, M. Macron s'est empressé de saisir les « sages » du Conseil supérieur de la magistrature qui se dépêcheront, comme sur l'affaire d'Outreau, de mettre un mouchoir dessus. Le farceur ! Sans se prononcer sur le fond, l'enquête préliminaire contre François Fillon et sa mise en examen à quelques jours du premier tour resteront quand même dans nos annales comme un déni de justice. La honte de la jungle.

Que *Le Canard enchaîné* ait fait son travail en publiant une longue enquête sur les emplois présumés fictifs de la famille Fillon, c'est le signe d'une bonne santé démocratique. Rien à redire. Mais que le PNF d'Eliane Houlette ait ensuite pu ouvrir la voie à la mise en examen de l'ancien Premier ministre en pleine campagne présidentielle, avant le premier tour de scrutin, il y a là quelque chose qui rappelle les mœurs désolantes du Venezuela et des républiques bananières. Pendant qu'on y était, pourquoi ne l'avoir pas envoyé aussitôt en détention provisoire ? C'eût été moins hypocrite.

Que justice passe, tout le monde est pour. Mais nos magistrats ne pourraient-ils pas observer une trêve pendant les derniers jours des campagnes électorales au lieu de se ventrouiller dedans avec ostentation ? Question de décence, de respect démocratique, comme c'était jusqu'à présent (à peu près) l'usage. Cette affaire Fillon a montré à quel point notre justice est malade : gangrenée par la politisation, elle n'hésite plus à s'immiscer ouvertement dans les campagnes électorales en déstabilisant certains candidats qui, comme par hasard, sont toujours à droite.

C'est ce qui vient d'arriver à Martine Vassal, candidate LR à la mairie de Marseille. Après que France 2 eut diffusé une enquête sur le recours de ses équipes aux procurations pour les municipales – rien à redire, encore –, voilà que la justice, d'ordinaire si lente, s'est mise en marche illico et a perquisitionné à tout-va. Puisque le pli est pris, pourquoi ne pas incarcérer désormais tous les candidats de droite avant les scrutins ?

« Selon que vous serez puissant ou misérable/ Les jugements de cour vous rendront blanc ou noir. » Nous avons tous en mémoire les vers de La Fontaine dans sa fable « Les Animaux malades de la peste ». En ce qui concerne les personnalités politiques, il faut les réécrire : « Selon que vous serez de gauche ou de droite… » Notre justice est de plus en plus bancale, biaisée, hémiplégique. Politique.

Certes, pour donner l'illusion d'un équilibre, la justice s'en est prise à La France insoumise, lançant en 2018, dans le cadre d'une enquête sur les comptes de la campagne présidentielle, des perquisitions qui ont mobilisé, dans des conditions insensées, une centaine de policiers. Au fou ! Mais, pour l'heure, c'est quand même la droite qui trinque le plus. Depuis quatre ans, le député macroniste Thierry Solère est accusé de fraude fiscale ou de détournements de fonds publics, sur la base d'un dossier truffé de contre-vérités, de fausses preuves. Après un non-lieu et deux classements sans suite, la justice vient d'ordonner la relance des investigations dans le cadre de la plainte pour viol déposée contre Gérald Darmanin. On en reparlera sûrement encore dans trente ans ! Quant à Emmanuel Macron, son tour viendra en 2022, on prend tous les paris.

Au train où vont les choses, il faudra bientôt écrire le mot justice avec des guillemets.

Le 25 juin 2020

8.

PAYS EN DECLIN CHERCHE SAUVEUR

Comme une odeur de déclin

La crise sanitaire aura été un choc à tous points de vue. Les gros ratés administratifs, au début de la campagne de vaccination, ont encore montré le risque, malgré la qualité de notre médecine, d'une certaine tiers-mondisation de la France.

Dire qu'il y a toujours des bons esprits pour écrire (et croire) que notre pays n'est pas en déclin, pas plus que l'Occident au demeurant : ils méritent, s'ils ne l'arborent déjà dans leur tour d'ivoire, la grand-croix du déni, vertu française par excellence !

Dans leur bulle hors-sol, il faut qu'ils gardent bien bouchés leurs yeux et leurs oreilles pour continuer à débiter leurs billevesées : le spectacle qui s'offre partout, sauf dans les vertes campagnes de la douce France, est celui d'un monde où tout s'affaisse. L'autorité, la culture, l'économie, la bonne intelligence.

La tragédie française du déclassement est bien résumée dans un livre de Jacques de Larosière, un petit chef-d'œuvre de vulgarisation : *40 ans d'égarements économiques. Quelques idées pour en sortir*[1]. Ancien patron du FMI, ex-gouverneur de la Banque de France, il donne une série de chiffres accablants, par exemple : en 1975, la France figurait au 5e rang mondial pour le niveau de vie par habitant (après les Etats-Unis, la Suisse, le Luxembourg et la Suède) ; aujourd'hui, elle est tombée au 26e rang.

Larosière aurait pu titrer son livre *Anatomie d'un suicide*. Devenue le pays le plus désindustrialisé d'Europe avec la Grèce, la France souffre d'un déficit commercial structurel qui ne risque pas de s'arranger. Nourrie par l'augmentation effarante des dépenses publiques, la dette de l'Etat ne cesse d'augmenter, amenant les pouvoirs de droite comme de gauche à accroître démentiellement les prélèvements obligatoires, ce qui mine notre compétitivité. On ne s'en sortira qu'en serrant la vis, mais en reste-t-il une ?

Le livre de Larosière n'est ni de droite ni de gauche, il est factuel. La morale qui s'en dégage : les peuples ont les classes politiques qu'ils méritent et la nôtre, à quelques exceptions près, est au-dessous de tout, qui refuse, alors qu'il y a urgence, de s'attaquer aux racines du mal. Elle a toujours une excuse pour ne rien faire. Cette fois, elle dira que la conjoncture ne s'y prête pas : après la pandémie, la campagne présidentielle arrive, ce sera tous les jours Noël.

La faute à Macron ? Il n'en peut mais. Il n'est que le chaînon d'une longue liste de « politichiens », comme disait de Gaulle, qui ont expédié les affaires courantes comme des liquidateurs judiciaires. Tel est le climat avant

1. Odile Jacob, 2021.

la présidentielle. Ça sent le pâté : les mauvaises nouvelles nous tombent dessus comme les obus à la bataille de Gravelotte, en 1870, pendant la guerre franco-prussienne.

Ainsi, l'affaire Audrey Pulvar, tête de liste du PS aux régionales d'Ile-de-France : avec son inimitable esprit de sérieux, elle vient quasiment de bénir les réunions non mixtes, autrement dit interdites aux Blancs, organisées par l'Unef ; ce type de ségrégation ne la choque pas « profondément », mais bon, si « une femme blanche ou un homme blanc » tient à y participer, pourquoi pas ? En ce cas, Mme Pulvar l'invite cependant à « se taire ». Ça s'appelle un naufrage.

Dans ce climat délétère, Strasbourg est en train de devenir la capitale du... néovichysme. Conquise l'an dernier par des écolos d'EELV qui sont, pour beaucoup d'entre eux, les idiots utiles de l'islamisme, la mairie n'a rien trouvé de mieux que d'accorder une subvention de 2,5 millions d'euros au chantier de « la plus grande mosquée d'Europe », Eyyub Sultan, un projet porté par la Confédération islamique Milli Gorus (pro-turque).

Les édiles écolos de la République s'imaginaient que ça passerait comme une lettre à la poste. Prenant leurs électeurs pour des imbéciles, ils se défaussent aujourd'hui sans rire sur la préfète, qui ne les aurait pas prévenus du danger. C'est pourtant bien en connaissance de cause qu'ils ont décidé de verser l'obole strasbourgeoise à un bousin obscurantiste. Ils ne pouvaient ignorer que cette association d'obédience turque avait refusé de signer la charte des principes pour l'islam de France, présentée par le gouvernement. Pas question, pour elle, de reconnaître la prééminence de la loi de la République sur celle de l'islam.

Les socialistes, à commencer par l'ancienne maire Catherine Trautmann, avaient pourtant mis en garde les écolos. Mais, apparemment, c'est la France rance qui a pris le pouvoir à Strasbourg, pour le bonheur des extrémistes. Tandis que l'élu aux cultes s'en prenait violemment aux catholiques, au grand dam de l'archevêché, qui a officiellement protesté, la majorité verte du conseil municipal rejetait une motion contre l'antisémitisme.

Bienvenue au Strasbourgistan, symbole de déclin français et laboratoire de tout ce que nous ne voulons à aucun prix devenir !

Le 1er avril 2021

Comme les vaches regardent passer les trains…

Réveillez-vous ! Y a-t-il encore quelqu'un qui tient la boutique ? L'affaire du saccage des Champs-Elysées en dit long sur l'amateurisme et la désinvolture de ceux qui nous gouvernent, sur fond d'église Saint-Sulpice qui brûle dans une indifférence quasi générale.

Il faut leur pardonner, dirait le Christ, ils ne savent pas ce qu'ils font. En plus, ils le font mal. C'est ainsi que 1 500 black blocs ou compagnons de route ont fait la loi à Paris, samedi dernier, allant jusqu'à mettre à sac le Fouquet's, haut lieu du cinéma français, une sorte de monument historique, ancienne cantine de Raimu, Fernandel, Gabin, Ventura, etc.

La France peut-elle accepter de devenir un laboratoire pour les adeptes de la guérilla urbaine ? Certes, les black blocs, spécialistes de l'action violente, sont coriaces : gauchistes anticapitalistes apparus en Allemagne dans les années 1980, ils ne s'appuient sur aucune structure et se comportent comme une armée secrète. Mais l'attitude des pouvoirs publics à leur égard a jusqu'à présent relevé de la complaisance ou de l'incompétence, au choix.

La tolérance, disait Clemenceau, il y a des maisons pour ça. Il faut avoir le cran de la faire redescendre à zéro. Le laisser-aller du pouvoir et la complaisance de la presse bien-pensante, obnubilée par le spectre de l'Etat policier, se sont conjugués pour engendrer une bête immonde où cohabitent l'extrême gauche, les racistes, les identitaires. Une menace réelle pour la République.

Que se passera-t-il si, demain, quelques centaines de casseurs cagoulés et de noir vêtu décident de partir à l'assaut de l'Elysée ? Au train où vont les choses, ce n'est pas un scénario impossible et, après le fiasco de la semaine dernière, il n'est plus absurde d'imaginer le pire. Alors que le pouvoir remontait la pente dans l'opinion, voilà que se rappellent à elle son insouciance, son hubris, son irresponsable légèreté.

Le pouvoir a égorgé un bouc émissaire, le préfet de police qui n'en pouvait mais, et donné des consignes de fermeté. S'il finit toujours par réagir, l'Etat Macron a, dans tous les cas, un temps de retard. Un train, cinq mois, c'est selon, mais il donne le sentiment de n'être jamais sur le coup, au taquet. Le président et les siens ressemblent de plus en plus à leur caricature : voilà une équipe douée mais hors sol, éthérée, mollassonne, qui semble vivre dans les limbes, au-dessus d'elle-même.

Puissent nos gouvernants lire de toute urgence *Des bouts d'existence*[1], la superbe autobiographie d'Aldo Naouri, un homme à contre-courant qui aime l'autorité, la vraie, pas son simulacre, et qui ne considère pas que l'Histoire est une page blanche. Il célèbre le refoulement, notion démodée. C'est pourtant ce processus, observe notre grand pédiatre national, qui a permis aux humains, pendant les milliers et milliers d'années de l'évolution, d'enterrer au fond de leur psyché leurs pulsions meurtrières, prédatrices, incestueuses, pour être admis au sein d'un groupe. « Loin d'être nocif, écrit-il, le refoulement est indispensable. »

Est-ce parce qu'ils font partie de la génération sans filtre de l'enfant-roi, celle qui veut tout et tout de suite ? Nos gouvernants, Emmanuel Macron en tête, ne savent pas refouler leurs désirs. De partir un week-end au ski. D'aller s'arsouiller en boîte de nuit. De balancer des petites phrases blessantes. Ce faisant, ils semblent dans l'ère du temps. Mais leur comportement a quelque chose de suicidaire : aux yeux de l'opinion, ils apparaissent désormais, à tort ou à raison, comme des petites frappes du cynisme, l'idéologie du siècle.

Même s'il ne lui est pas interdit d'être ficelle, il n'y a pas de pouvoir qui tienne sur la durée sans valeurs ni abnégation. Là encore, Aldo Naouri, né dans une famille nécessiteuse en Libye, enfant de la méritocratie, aurait beaucoup à lui apprendre. Par exemple, quand il raconte son apprentissage des valeurs par sa mère, analphabète, qui racontait à sa marmaille, sous forme de contes, les

1. Odile Jacob, 2019.

livres, comme *Le Comte de Monte-Cristo*, que son mari, mort depuis, lui avait lus au lit.

Son éducation et sa culture d'origine ont continuellement rappelé à Aldo Naouri que ses devoirs devaient « intégralement » être remplis avant de lui « permettre de revendiquer le moindre droit ». Telle est la clé de toute civilisation.

Or nous avons perdu cette clé et ne la cherchons même plus. Migrant et Français dans l'âme, l'auteur de ces *Bouts d'existence* rêve de la retrouver, qui s'est « intégré » mais sans jamais se « fondre dans la masse » et « s'assimiler ».

« L'ordre conduit à toutes les vertus, disait le philosophe Georg Christoph Lichtenberg, mais qu'est-ce qui conduit à l'ordre ? » La réponse est simple : le respect et la fierté, donc la fin de cet affreux épuisement métaphysique qui nous fait tout accepter, les déprédations de symboles, d'avenues, d'églises, avec l'expression tranquille des vaches qui regardent passer les trains.

Le 21 mars 2019

Le bateau ivre français

Que nous arrive-t-il ? Ces temps-ci, la France fait un peu beaucoup penser au « Bateau ivre » où Arthur Rimbaud, au-dessus des « clapotements furieux des marées, » voit, entre autres, « des aubes navrantes », des « marais énormes » qui fermentent, des « échouages hideux au fond des golfes bruns ».

Au plus fort de la Grande Guerre, les belligérants faisaient la trêve de Noël. La CFDT l'appelle de ses vœux, mais la CGT a prévenu qu'il n'en était pas question. C'est dire le climat de délire dans lequel nous vivons aujourd'hui, sur fond de malveillance, de fureur sociale. Sans parler de la recrudescence de l'antisémitisme.

Pourquoi tant de violence ? Menée par les forteresses cégétistes de la SNCF et de la RATP, qui ne défendent que leurs intérêts catégoriels, cette grève bénéficie pourtant, c'est à pleurer, du soutien d'une partie non négligeable des Français : la CGT a réussi à leur faire croire qu'elle se battait pour eux. Ça leur passera.

Pour comprendre les effets du corporatisme à la française, il suffit de comparer la moyenne des retraites de la RATP (3 705 euros), celle de la SNCF (2 636 euros) à celle de tous les Français (1 496 euros). Merci les régimes spéciaux ! On peut tout dire du projet de réforme des retraites, sauf qu'il est antisocial et inégalitaire. Au contraire, le prétendu « président des riches » a cherché à introduire de la justice et de l'équité dans le système, notamment à l'égard des agriculteurs. L'hystérie qu'il provoque dans la gauche extrême, voire bobo, montre qu'elle a abandonné le social, que le sort des plus faibles ne la concerne plus, qu'elle n'a pas tiré les leçons de la crise des gilets jaunes.

Nous voilà en France avec une gauche Corbyn, du nom du patron du Parti travailliste, sur laquelle les électeurs britanniques viennent heureusement de tirer la chasse d'eau, la semaine dernière. Une gauche irresponsable, cryptoléniniste, pseudo-écolo, islamo-gauchiste et de plus en plus ouvertement antisémite. En somme, plus proche de la secte apocalyptique que du parti de gouvernement.

On a du mal à croire que Jean-Luc Mélenchon soit antisémite – toute sa vie prouve le contraire –, mais il donne un signal atroce à la « bête immonde » quand il impute la lourde défaite de l'antisémite avéré Jeremy Corbyn « au grand rabbin d'Angleterre » et à « divers réseaux d'influence du Likoud ».

Pour un peu, il dénoncerait un complot juif mondial. Bouffre !

Il ne nous manquait plus que ça, un gros rot d'après banquet à consonance antisémite, pour compléter le tableau d'une France en éruption où la CGT et les camionneurs entendent imposer leur loi. Puissent MM. Macron et Philippe tenir bon, même s'ils seraient bien inspirés de faire des concessions sur l'âge pivot à Laurent Berger, secrétaire national de la CFDT, premier syndicat français, avec lequel le président entretient, à tort, des relations exécrables.

Soit dit en passant, quand on a la chance d'avoir un leader syndical de la trempe de Laurent Berger, on l'écoute, on le soigne. Or, avec les syndicats réformistes, le pouvoir s'est contenté, jusqu'à présent, de pratiquer une verticalité obsolète et méprisante. Comme s'il lui reprochait d'avoir été du dernier bien avec François Hollande, Emmanuel Macron n'a pas calculé la CFDT. Parions que ça va changer.

Si nous en sommes là, plus bas que terre, « corps-mort pour les cormorans », comme dit la chanson de Sardou, c'est sans doute parce que, depuis des décennies, nous avons changé de paradigme et accepté que l'autorité fût minée, jour après jour, à tous les étages. Après avoir décapité le roi en 1793, nous avons fait en sorte que tout le monde le devienne. Récapitulons. Il y a l'enfant roi, le cégétiste roi, le juge roi, l'islamiste roi, l'imbécile roi et beaucoup d'autres encore, au mépris des enseignants, des policiers, des médecins, des « sachants ».

C'est l'avènement du « nihilisme à visage humain », déclarait Alain Finkielkraut, jeudi dernier, dans l'exercice traditionnel du discours sur la vertu, lors de la séance publique annuelle de l'Académie française, en soulignant que notre civilisation est désormais considérée comme coupable de tout, « la violence dont elle est l'objet » procédant de « son essence criminelle ». Après quoi il nous a appelés à planter « résolument nos talons dans le sol » pour « résister au sens de l'Histoire » en indiquant toutefois que « les chances de succès sont minces ».

Tout est-il écrit ? Philosophe, poète et médecin, Empédocle, l'une des figures majeures de la pensée grecque, décida, au ve siècle avant notre ère, que le temps et le cosmos étaient régis par deux principes : l'amour et la haine, qui les gouvernent alternativement. Le premier unit et apaise. La seconde casse, divise, déconstruit.

Depuis le temps que la France vit sous le signe de la haine, ce serait bien que l'amour vienne prendre quelque temps le relais. Ça nous ferait des vacances.

Le 19-26 décembre 2019

Ce grand coronavirage qui va tout changer

« La vie, disait un humoriste américain, c'est ce qui nous arrive quand nous avions prévu autre chose. » Le coronavirus est en train de tout changer. Les plans, les principes, les idéologies. Surréalistes furent les soirées électorales sur les chaînes de télévision, dimanche soir : le coronavirus semblait occuper davantage les esprits que les scores municipaux, qu'une abstention massive rendait difficiles à commenter.

La France a-t-elle péché par excès d'optimisme ? Dans *La Peste,* Albert Camus rappelle que, nous autres humains, nous avons tendance à penser qu'un fléau est « irréel », que « c'est un mauvais rêve qui va passer ». Mais « il ne passe pas toujours », et ce sont alors « les hommes qui passent ».

Face à une pandémie, il y a souvent du déni dans l'air. Dans sa nouvelle *Sept Etages,* adaptée par Albert Camus pour le théâtre[1], le grand écrivain italien Dino Buzzati raconte l'histoire d'un certain Giuseppe, hospitalisé dans un sanatorium pour une maladie bénigne et une fièvre légère. Il est d'abord affecté au septième étage, celui des patients qui ne présentent aucun danger. Au fur et à mesure que l'on descend, les cas deviennent de plus en plus graves. Au premier, ils sont désespérés. Pour toutes sortes de raisons, parfois plus mauvaises que bonnes, Giu-

1. *Un cas intéressant*, par Albert Camus, Folio Théâtre.

seppe, gagné par l'eczéma puis par des frissons de fièvre, finira par descendre d'un étage l'autre, jusqu'à se retrouver au premier, celui des moribonds, au milieu des râles d'agonie. Ecrit d'une plume légère, presque désinvolte, *Sept Etages,* qui peut être interprété de plusieurs façons, apparaît avant tout comme un apologue de notre espèce devant la maladie. Ne refusons-nous pas, comme le héros de Buzzati, de comprendre ce qui nous arrive ?

C'est humain : parce que nous pensons toujours, parfois même sur notre lit de mort, que nous allons nous en sortir, nous avons sous-estimé le fléau qui traverse aujourd'hui l'Europe après avoir frappé la Chine, la Corée du Sud, l'Iran.

On est même en droit de se demander, aujourd'hui, si la riposte des pouvoirs publics n'avait pas, en France, deux semaines de retard : ainsi les élections municipales auraient-elles dû être reportées quand la question s'est posée, l'autre jeudi. A l'image des autres pays, nous avons commencé par subir l'épreuve au lieu de chercher à la dominer.

Les démocraties sont-elles mieux placées pour résoudre les crises sanitaires ? Nos modèles en ont pris un coup, mais force est de constater que nous nous adaptons vite. Chacun pour soi, Dieu pour tous. Il y a quelque chose de comique à observer l'Allemagne, considérée jusqu'à présent comme la meilleure élève de l'Union européenne, fermer ses frontières avec la France en moins de temps qu'il ne faut pour le dire. Face au virus, il n'y a plus de règles communautaires qui tiennent. Notre Vieux Continent « s'orbanise », enfourchant le dada du Premier ministre hongrois, le grand prophète du confinement, tant décrié il n'y a pas si longtemps.

Au diable, le dogme des frontières ouvertes ! Il n'a plus lieu d'être. Même chose pour les critères de Maastricht, qui édictaient que le déficit public annuel d'un pays membre de l'Union ne devait pas excéder 3 % du produit intérieur brut ni la dette de l'Etat dépasser 60 % du même PIB ! Quitte à vider ses caisses, la France doit parer au plus pressé et sauver tous ceux qu'elle peut sauver. Comme toujours en temps de crise, les théories de John Maynard Keynes, le pape de la relance, sont de retour. Elles ne sont pas récusables. Le soi-disant « ultralibéral » Ronald Reagan n'en avait-il pas croqué aussi ?

Même si tout ce qu'on sait, comme disait Socrate, c'est qu'on ne sait rien, on peut au moins être sûr d'une chose : après avoir pris conscience de notre petitesse dans le cosmos, nous sortirons grandis de l'épreuve du coronavirus. Surtout si nous avons profité de l'occasion pour lire. Quand tout va mal, rien ne vaut quelques lichées de philosophie : ça fait du bien. Du Nietzsche, par exemple, avec un sourire en coin :

« Ce qui ne tue pas me rend plus fort. »

« Il n'est jamais trop tôt, il est toujours trop tard. »

« La liberté, c'est de savoir danser avec ses chaînes. »

« Les convictions sont des ennemis de la vérité bien plus dangereux que les mensonges. »

« Souffrir de la solitude est mauvais signe ; je n'ai jamais souffert que de la multitude. »

Bon confinement !

Le 19 mars 2020

C'est quand tout semble perdu que le chef doit attaquer

Le confinement aura au moins eu un bon côté : on n'a pas entendu les maroufles et braillards habituels, reclus dans leurs tanières. Ça nous a fait des vacances. Il est vrai que le terrain du crétinisme a été occupé avec succès – on a ceux que l'on peut – par des ministres qui ont expliqué, discréditant ainsi davantage encore la parole publique, que le port du masque ne s'imposait pas.

N'est-ce pas Sibeth Ndiaye qui osait déclarer il n'y a pas si longtemps : « Les masques ne sont pas nécessaires quand on n'est pas malade » ? N'est-ce pas Olivier Véran qui prétendait que l'usage du masque pour la population « n'est pas recommandé et n'est pas utile » ? Sans parler d'Edouard Philippe. De gros mensonges qui mériteraient au moins un rappel à la loi qu'on attend toujours.

Que les deux premiers, entre autres comiques, continuent de dispenser le discours officiel, alors que les masques vont devenir obligatoires dans les transports en commun, ne contribue pas qu'un peu à nourrir la défiance et, surtout, le complotisme. Certes, il est encore tapi dans l'ombre. Mais quand, dans quelques jours, les Français commenceront à sortir de chez eux, on peut craindre que, devant ce qui les attend, ne soient libérées les forces de la bêtise et de la haine.

Le pays s'étant arrêté quasiment deux mois, nous sommes à la veille d'une catastrophe économique, et, ne l'oublions jamais : c'est bien la crise de 1929 qui, en minant la République de Weimar, a porté le nazisme au pouvoir. Quand tout s'écroule, que l'économie est par terre, que la peur et la faim les tenaillent, les grands peuples sont capables de tout, du meilleur comme du pire, souvent du pire.

Le concours de fadaises a déjà commencé et, comme d'habitude, la CGT a un train d'avance. « Coronavirus, virus capitaliste », dit un de ses slogans. Pourquoi pas, pendant qu'on y est, un virus communiste, allemand, israélien, islamiste, américain, « néolibéral » ? Les jobards ! La machine à inepties est en état de marche, il suffit de mettre une pièce dedans. Avec la crise économique qui vient, sa production pourrait bien dépasser toutes les prévisions.

Jusqu'à présent, il fallait redistribuer la richesse. Désormais, il faudra redistribuer la misère. C'est le défi que doit maintenant affronter ce pouvoir, comme dans tous les pays où a sévi le coronavirus. Avec une note de 4,1 sur 10, M. Macron est le plus mal noté des sept gouvernants occidentaux évalués dans leurs nations respectives par un sondage international. Il est loin derrière le chancelier autrichien, Sebastian Kurz (6,8), son homologue allemande Angela Merkel (6) ou même, c'est un comble, le Premier ministre britannique, Boris Johnson (5,6).

M. Macron paie pour les pénuries, les contradictions ou les improvisations ridicules – comme celles qui ont présidé à l'élaboration de la carte départementale du confinement –, qui semblent toutes avoir été écrites par le scénariste de *La Panthère rose*. Si la France était une entreprise, vu la façon dont elle est gérée, elle serait en faillite depuis belle lurette. Mais le président fera oublier les pataugeages de la phase sanitaire s'il se montre dès maintenant à la hauteur sur le plan économique.

Danton disait en 1792 que, pour sauver la France révolutionnaire, il fallait « de l'audace, encore de l'audace, toujours de l'audace ». Disons, pour ne pas employer de grands mots, que M. Macron a trois solutions : 1) une forte relance, 2) une forte relance, 3) une forte relance. De lourdes responsabilités historiques pèsent sur les jeunes épaules du président, tandis que des forces obscures travaillent déjà à s'accaparer la détresse qui ne manquera pas de s'emparer de beaucoup de Français quand leur tomberont dessus les faillites et les trains de licenciements.

Si nous sommes bien dans une situation comparable à celle de 1945, quand l'économie avait été dévastée par la guerre, rapprochement historique que fait souvent M. Le Maire, un président digne de ce nom doit réhabiliter la politique. Même chose si nous sommes comme en 1958, lorsque l'Etat était à ramasser. Les deux fois, pour reconstruire la France, de Gaulle a su s'appuyer sur des politiques, fussent-ils ses contempteurs, en essayant de dépasser ces attrape-gogos que sont les idéologies. On ne gouverne pas la France en donnant tous les pouvoirs à l'administration. Sauf à se retrouver avec un gouvernement comme celui-ci, qui, souvent, ressemble à une confrérie de bras cassés.

Pour l'heure, tout fait ventre à Mme Le Pen, dont le silence a quelque chose de gourmand. Au rythme où vont les choses, elle est bien partie pour la présidentielle de 2020. A moins que M. Macron retrouve l'esprit de ce message génial envoyé au quartier général par le futur maréchal Foch, alors que la France était donnée battue lors de la première bataille de la Marne : « Mon centre cède, ma droite recule, situation excellente, j'attaque ! »

Le 7 mai 2020

« Vieille France, accablée d'Histoire, redressée de siècle en siècle… »

M. Macron peut-il redresser la France ? Et pourquoi ne le pourrait-il pas ? S'il n'est pas de Gaulle, il a au moins un atout : la France. A condition, bien sûr, qu'elle soit toujours la France.

« Vieille France, accablée d'Histoire, meurtrie de guerres et de révolutions, allant et venant sans relâche de la grandeur au déclin, mais redressée de siècle en siècle par le génie du renouveau. » La géniale envolée du général de Gaulle dans ses *Mémoires de guerre* est plus que jamais d'actualité, alors que la France entre dans une crise économique majeure.

N'infantilisons pas les Français, ils le sont déjà bien assez. Ce que la crise sanitaire a fait subir à l'économie française ne passera pas comme une lettre à la poste. Comme nous le dit M. Le Maire, il faut se préparer à affronter une catastrophe, même si nous avons ce qu'il faut pour résister : des amortisseurs sociaux qui atténueront le choc et une capacité de l'Etat à prendre la main en nationalisant les entreprises saines en danger de mort.

Certes, jouant toujours le pire, la confrérie des pyromanes associés rêve que le pays reste encore longtemps à l'arrêt, en attendant le Grand Soir. Mais cette secte apocalyptique n'est-elle pas à la ramasse ? La crise à venir n'est-elle pas, au contraire, l'occasion de remettre à l'ordre du jour la valeur travail, massacrée par la gauche, puis par la droite, avec les 35 heures ? De ce point de vue, très encourageant est le tour pris par l'affaire de la mise à l'arrêt de l'usine Renault de Sandouville.

Evidemment dénué de tout parti pris politique, un juge des référés avait donné raison à la CGT, qui réclamait la fermeture du site. Ce que n'avait pas prévu le magistrat, c'était la grosse colère de tous les autres syndicats, qui venaient de signer le protocole sanitaire avec la direction : la CFDT, FO la CFE-CGC. N'étaient reprochées à Renault que des fautes de formes. Il fallait que « justice » passe au risque de faire crever l'usine ?

Jamais responsables, même quand ils sont coupables, toujours dispensés de comptes à rendre, les juges politisés ont les moyens, à l'image de celui-là, d'arrêter les usines s'ils le veulent. Nos délires paperassiers et la complexité du volumineux Code du travail sont leurs meilleurs alliés quand ils sont mal lunés ou militent à l'ultragauche. Tels sont les effets de notre hypercentralisation, fruit des noces de l'Ancien Régime et de la Révolution française : si tout est « pensé » en haut, il ne faut pas s'étonner que les dysfonctionnements s'accumulent dans notre pays, mère patrie de la bureaucratie, avec l'ex-URSS.

« Arrêtez d'emmerder les Français », disait Pompidou à Chirac, il y a plus d'un demi-siècle. Ça ne s'est pas arrangé depuis. Même si les pinailleurs professionnels pourront toujours chercher des noises aux entreprises sur la base des formulaires kilométriques produits par l'administration, on a peine à croire qu'ils réussiront à bloquer la machine, qui ne demande qu'à redémarrer.

Quand elle sera enfin repartie, nous n'en aurons pas fini pour autant avec le spectre du déclin. Dans *Le Crépuscule de l'universel*[1], un livre stimulant qui semble avoir été écrit pendant la crise sanitaire, alors qu'il a été publié quelques jours avant, la philosophe Chantal Delsol dresse un inquiétant état des lieux. Individualiste et universaliste, l'Occident des Lumières, nous dit-elle, est aujourd'hui mal en point face à des cultures qui ont idéologisé leurs traditions, en Chine, en Inde, en Russie, en terre d'Islam.

Economiquement, nous sommes en perte de vitesse. Intellectuellement aussi, montre Chantal Delsol. Une partie de plus en plus importante du monde, jusque dans notre propre sein, refuse notre sommation à devenir « modernes », récusant ou vomissant nos valeurs, comme la démocratie, les droits de l'homme, etc. Mais la France ne peut-elle pas rester la France, même si elle n'est plus dans l'air du temps ni dans le sens de l'Histoire ?

En 1956, alors que de Gaulle est toujours empégué dans sa traversée du désert, il demande à voir un jeune et talentueux écrivain dont il a adoré *Les Taxis de la Marne*. C'est Jean Dutourd, anarcho-ronchon, accablé par la situation politique, qui croyait se retrouver devant un dinosaure sortant du crétacé. Il tombe raide dingue du Général quand celui-ci, monstre d'optimisme, lui annonce en battant les bras comme des ailes : « Dutourd, la France, vous verrez dans trois cents ans ! »

1. Editions du Cerf, 2020.

La France qui, comme dit le proverbe japonais, se relèvera toujours huit fois si elle tombe sept fois…

Le 14 mai 2020

La France se tiers-mondise-t-elle ?

Mais que nous arrive-t-il ? N'est-il pas temps de se bouger et de sonner le tocsin, si les cloches de l'église n'ont pas été volées ? A l'aube de 2021, deux dangers menacent la France : l'américanisation par le politiquement correct (pour la tête) et la soviétisation par l'hyperbureaucratie (pour le reste du corps).

La France a inventé le communisme droit-de-l'hommiste, sans Etat policier. Avec au moins 56 % de dépenses publiques par rapport au produit intérieur brut, elle bat tous les records des pays développés : son économie n'est donc en rien « libérale », ô le gros mot, contrairement à ce que nous répètent les tristes sires de la « pensée magique », notamment dans les écoles et les universités.

Les présidents passent, l'hyperbureaucratie prospère. En la matière, la France vient encore de se distinguer : le 1er janvier, 516 personnes seulement avaient été vaccinées contre le coronavirus. C'est peu de dire que nous figurions au bas du tableau. Nous étions même distancés et humiliés par des pays comme la Roumanie (10 829) ou la Pologne (47 600). Sans parler de toutes les grandes nations, qui, bien sûr, caracolaient très loin devant nous.

N'en déplaise aux désinformateurs officiels, si l'on rapporte le nombre de morts du coronavirus à celui de la population, nous faisons à peine mieux que les Etats-Unis et pire que la Suède, deux pays qu'ils pointent sans cesse du doigt. Jusqu'à présent, nous étions arrogants. Avec l'affaire des vaccins, nous sommes devenus ridicules. Ces chiffres accablants sont le symptôme de notre déclassement, d'une forme de tiers-mondisation.

Notre personnel médical étant l'un des plus performants au monde, ceux qui nous gouvernent n'ont aucune excuse : ils ont laissé la main à la bureaucratie qui le chapeaute et qui a encore donné toute sa mesure. Pinailleuse et envahissante, elle ne fait rien mais elle bloque tout. La France et l'Allemagne sont les deux pays développés qui dépensent le plus pour leur système de santé : respectivement 11,3 et 11,2 % du PIB. Mais le nôtre est suradministré. D'où notre handicap. Le phénomène n'est pas nouveau.

Il y a des siècles que nous vivons sous la férule d'une bureaucratie paperassière. Dans *Les Origines de la France contemporaine*[1], son grand livre, l'historien Hippolyte Taine racontait comment, avant 1789, l'Ancien Régime s'était délité sous le poids d'une « centralisation grossière, sans contrôle » mise en œuvre par « une armée de petits pachas ». Depuis, nos révolutions n'ont fait que surajouter de nouvelles couches administratives.

La France n'en a pas moins continué à aller de l'avant. Mais, alors que les pays dits émergents, surtout en Asie, deviennent de plus en plus concurrentiels, il devient désormais urgent pour elle de dégraisser son mammouth.

---

1. *Op. cit.*

Gageons que la débureaucratisation sera l'un des thèmes de campagne du président sortant en 2022, comme en 2017, comme auparavant, elle fut l'antienne de ses prédécesseurs. Mais puissent les belles promesses ne plus engager uniquement ceux à qui elles ont été faites !

La bureaucratie n'est-elle pas consubstantielle à la France ? Si le corps de notre pays souffre depuis toujours d'obésité administrative, sa tête est atteinte, elle, par un nouveau virus, l'américanite. A l'heure où tout se perd, les repères et les valeurs, elle remplit de plus en plus nos têtes de fixettes made in USA : l'exaltation des communautarismes, la haine de la laïcité, le rejet de l'universalisme, l'obsession de la couleur de peau sous couvert d'antiracisme, le culte des quotas, de la théorie du genre, etc. Sans parler de la dénonciation et de l'ostracisation *(cancel culture)*. Autant de tics idéologiques qui rongent souvent nos contemporains, comme des puces.

Il n'est de jour où l'américanite ne frappe. Dernière victime : Ibrahim Maalouf, trompettiste franco-libanais à succès. Après le traditionnel concert du Nouvel An de l'Orchestre philharmonique de Vienne, il a déploré que celui-ci ait été « tristement remarqué pour son manque de diversité ethnique. » Saperlotte ! La grande et superbe violoniste Zhang Zhang lui a aussitôt répondu en postant des photos de l'Orchestre philharmonique de Chine et de celui de Kinshasa, où il apparaît que les Blancs ne sont pas représentés. Avant de dénoncer la « haine » manifestée par Maalouf et sa pratique de la *cancel culture*, elle a aussi observé que, pour les orchestres, le concours de recrutement se fait derrière un paravent pour que le jury ne puisse pas voir les candidats, leur couleur de peau, s'il s'agit d'un homme ou d'une femme, et ne juger que la qualité de leurs performances.

Las ! Aux yeux des adeptes de la *cancel culture,* la performance passe après l'état civil, l'ethnie et le reste. C'est à la bureaucratie de trier le bon grain de l'ivraie, avec ses quotas, ses formulaires, ses algorithmes. L'art est son nouveau terrain de jeu. On n'en a décidément pas fini avec elle.

Le 7 janvier 2021

La chasse à l'« homme blanc »

L'agonie de l'Occident a-t-elle commencé ? Les civilisations meurent aussi, et l'Histoire nous a montré qu'au début de la fin, les coups de boutoir venaient autant de l'extérieur que de l'intérieur.

Observez comme l'Amérique et l'Europe sont aujourd'hui attaquées de toutes parts, en leur sein même, alors que l'avenir du monde ne s'écrit plus dans cet hémisphère, mais de l'autre côté de la planète, en Asie, nouvelle fabrique du futur qui, contrairement à nous, privilégie toujours le groupe par rapport à l'individu : la pandémie du coronavirus a ainsi prouvé l'inefficience occidentale.

Un déferlement de haine de soi est en train de submerger notre Vieux Continent : les mouvements de contestation *made in USA*, comme le *woke* ou la *cancel culture*, déblatèrent frénétiquement contre notre modèle, prétendent censurer Babar et réclament sans cesse des têtes à couper, au nom de l'antiracisme et de l'égalité sociale, valeurs qu'on ne saurait contester.

Sur son lit de mort, Georges Clemenceau, prince de l'humour noir, avait soupiré devant sa gouvernante qui lui annonçait la visite d'un ancien proche, Georges Mandel : « Déjà les vers ! » Ces temps-ci, ils grouillent sur le corps à la renverse d'un Occident ridiculisé par l'Asie, qui, de la Chine au Japon, domine, elle, la crise sanitaire, comme d'ailleurs beaucoup d'autres sujets. A Taïwan, le coronavirus a fait 7 morts sur 23 millions d'habitants ; en Corée du Sud, moins de 1 500 morts sur 51 millions.

Les vers n'en ont qu'après l'homme blanc, la couleur qui tue – les autres, jaune, brun, noir, ça va, pas de problème. Qu'importe si l'Asie monte en puissance : grand fardeau de l'Occident, l'homme blanc est devenu l'ennemi, l'incarnation vivante de la pollution, de l'esclavage, de la volonté de puissance, de l'abaissement de la femme. Bref, du Mal absolu. Depuis que Pascal Bruckner a pris sa défense dans un essai retentissant[1], force est de reconnaître que son image n'a cessé de se dégrader.

Supprimez l'homme blanc et tout ira mieux sur la planète, les inégalités et les horreurs de la guerre disparaîtront comme par enchantement. Chanteuse et actrice, Camélia Jordana incarne bien, non sans charisme, cet état d'esprit, elle qui déclarait, il y a peu, au grand dam de la Licra (Ligue internationale contre le racisme et l'antisémitisme) : « Les hommes blancs sont, dans l'inconscient collectif, responsables de tous les maux de la terre. » « Si j'étais un homme, précisait-elle, je demanderais pardon. »

1. *Le Sanglot de l'homme blanc*, livre prophétique publié en 1983, a été suivi en 2020 par *Un coupable presque parfait*, chez Grasset.

On a les Sartre que l'on peut. L'homme blanc est ainsi condamné à payer pour tous les autres. L'inculture ne cessant de faire des progrès, ne nous illusionnons pas : même s'il fut bien plus important que la traite occidentale des esclaves, le commerce arabo-musulman des Noirs du VIIIe au XXe siècle, castrateur systématique des mâles, restera toujours un sujet tabou, voire interdit.

Pour le reste, la roue tourne, et il serait temps que les contempteurs de l'Occident remettent leurs montres à l'heure. Quand ils auront lu *Guerres invisibles*, de Thomas Gomart[1], gageons que ce sera chose faite. Le directeur de l'Ifri (Institut français des relations internationales) s'y livre à une impressionnante remise à plat géopolitique : retournez-vous, vous les censeurs de tout poil qui le croyez devant, l'ancien monde de l'homme blanc est loin derrière vous !

La Chine, qui a ravi à l'Europe la place de numéro deux sur la scène internationale, convoite aujourd'hui la première place. Face aux Etats-Unis, elle risque maintenant, selon Thomas Gomart, de tomber dans le « piège de Thucydide », ce *casus belli* que peut provoquer à tout moment la peur entre deux nations, l'une dominante, l'autre en pleine ascension. Mais, attention, la guerre d'aujourd'hui ne se limite plus au champ militaire. Elle est aussi technologique, économique, environnementale, sanitaire.

L'Amérique est menacée, l'Europe hors jeu. Le bilan provisoire de la crise sanitaire est une sorte de parabole de la situation géopolitique actuelle : l'Occident a perdu la

1. Tallandier, 2021.

main. Dans ce contexte, la France est mal partie, comme le disait jadis un célèbre agronome, René Dumont, à propos de l'Afrique. En situation de décrochage économique, elle doit, conclut Thomas Gomart, se trouver une « grande stratégie », c'est-à-dire construire un projet de puissance. Pour ce faire, encore faudrait-il qu'elle s'intéresse plus à son avenir et moins à son passé, ainsi qu'aux milliards de péchés capitaux commis par ce maudit homme blanc.

Le 28 janvier 2021

La tiers-mondisation française et les lumières d'Asie

La France est-elle en train de devenir un pays du tiers-monde malgré ses nombreux atouts ? C'est la question qui se pose après plus d'un an de pandémie. Pathétiques sont les discours qui prétendent aujourd'hui que nous avons gagné la bataille du coronavirus sans avoir rien cédé sur les libertés, ni sur notre modèle démocratique.

Osons le mot : comme en Allemagne, notre politique aura été un fiasco, en dépit des derniers succès de la campagne de vaccination. Deux économistes de l'Institut Molinari[1] viennent de démontrer sans ambages l'échec de la méthode européenne du *stop and go* (expression que les

1. Voir l'article « Et si la France avait appliqué la stratégie zéro Covid… » dans *Le Point* n° 2537, daté du 1er avril 2021.

mauvaises langues traduiront par : la politique du chien crevé au fil de l'eau).

La France aura enregistré 42 fois plus de décès et un recul de la richesse nationale (PIB) cinq fois plus important que les pays développés d'Asie, qui ont mené une campagne permanente et frontale, en utilisant les grands moyens contre le Covid-19. Tel est le premier bilan, selon Cécile Philippe et Nicolas Marques, de la « stratégie d'atténuation » adoptée par le gouvernement français comme par ses homologues européens.

Après un tel constat, la tentation est grande en haut lieu de garder le pays sous cloche jusqu'à la présidentielle, comme l'a montré la volonté non avouée du chef de l'Etat de reporter le scrutin des régionales *ad vitam aeternam*. Pourquoi voter, après tout ? Certes, le précédent des municipales a de quoi refroidir : le Covid-19 aidant, des listes de branquignols écolos ont été élues grâce à l'abstention massive, avec de très faibles pourcentages d'électeurs inscrits, à Lyon, Strasbourg, Bordeaux, etc.

Comment oser envisager le report des régionales à l'heure où tant d'élections viennent de se dérouler en Europe (Allemagne, Pays-Bas, Bulgarie, etc.) ? Ce serait un déni de démocratie : avec les campagnes de vaccination, la pression du coronavirus sur nos sociétés n'est plus la même. Qu'un ajournement sine die du scrutin ait pu être évoqué sans provoquer de tollé, cela illustre l'état de fatigue démocratique du pays, signe de sa tiers-mondisation.

Qu'a craint Macron, notre président ficelle ? Un mauvais résultat qui pourrait le handicaper avant la présidentielle ? Un homme d'Etat n'a pas à avoir peur des urnes : de Gaulle nous l'avait montré, avec éclat, mais il est vrai que c'était au temps du monde d'avant, quand la politique était, pour certains, un sacerdoce, pas un exercice de sacs à malices. En tout cas, s'il persiste, le président donnera raison à ceux qui, comme Natacha Polony, se demandent si nous sommes encore en démocratie[1].

Un autre signe de la tiers-mondisation française est le confinement que subit encore la France aujourd'hui alors que, dans les démocraties d'Asie, comme la Corée du Sud ou Taïwan, la vie a repris, tandis que l'économie est au beau fixe après avoir traversé sans dommage l'*annus horribilis* de 2020. Tels sont les résultats de la stratégie zéro Covid, suivie également par l'Australie et la Nouvelle-Zélande, qui consiste à éradiquer le virus sans mégoter, avec la méthode tester-tracer-isoler.

« Mais nous ne sommes pas des Asiatiques dociles ni des Néo-Zélandais insulaires ! » On connaît ce refrain : les Français étant attachés par-dessus tout à leurs libertés, ils ne pourraient jamais accepter les mesures de coercition, notamment le traçage. Nous serions donc plus libres, entre les confinements et les couvre-feux, alors qu'il nous manque la première des libertés, celle de circuler ? Billevesées !

Les cocoricos officiels ne sont pas de mise. A défaut d'avoir souscrit à la stratégie zéro Covid, nous aurions pu nous lancer dans une politique de vaccination systématique, comme en Israël, en Grande-Bretagne ou aux Etats-Unis, encore que rien ne dise qu'elle assurera une victoire définitive sur le virus. En attendant, la France a choisi, avec l'Europe, de ne pas choisir. A la fin, elle s'est

1. *Sommes-nous encore en démocratie ?*, de Natacha Polony, L'Observatoire, 2021.

laissé mener par le destin, et le PIB français a baissé, ce qui n'est pas rien, de 9 points l'an dernier.

C'est ainsi que notre continent amorti a encore pris un coup de vieux avec la crise du coronavirus. Il n'a même pas mis à profit les derniers mois pour assurer son indépendance sanitaire en matière de masques, obsession des gouvernements asiatiques. Observez comme ceux qu'on achète en pharmacie sont toujours « made in China ». En attendant peut-être que tout s'inverse un jour et que nos petits-enfants les fabriquent à bas prix pour l'Asie d'après-demain ?

Le 15 avril 2021

Une odeur de Vichy

Que les Vichyssois, les habitants de la cité thermale, veuillent bien nous pardonner. Ce n'est pas après leur merveille de ville que nous en avons, mais après le climat de lâcheté qui flotte sur le pays et rappelle, à certains égards, celui de l'Occupation nazie.

Le Maréchal est revenu. Toujours aussi pleutre qu'en 1940, il est partout, dans la justice ou la politique, et il a ses entrées dans les médias. Le pétainisme, cette idéologie de l'armistice et de l'apaisement, infecte d'abord l'ultragauche, mais aussi la gauche douloureuse et la droite mollasse.

Le pétainisme trouble la vue quand il n'aveugle pas. Après qu'une policière a été égorgée à Rambouillet, vendredi dernier, au cri d'« Allahou akbar », Jean-Luc Mélenchon se garde bien de qualifier ce crime : c'est « un meurtre », point barre, il n'est pas question de qualifier d'islamiste le forfait ni son auteur, qui était par ailleurs « dépressif » (encore une « victime » !). Et il appelle au « sang-froid », sans doute pour pouvoir continuer à manifester tranquillement contre l'islamophobie et… les violences policières.

Le pétainisme est une nouvelle forme de bigoterie qui prétend tirer à sa façon les leçons de la tuerie de *Charlie Hebdo,* que l'équipe du journal aurait finalement bien « cherchée ». L'un des gourous en vogue, François Héran, sociologue et professeur au Collège de France, excusez du peu, ose prétendre, toute honte bue, qu'en France la liberté d'expression « tend à étouffer ou absorber » la liberté de croyance. En somme, instituons vite le délit de blasphème réclamé à tue-tête par les islamistes, et qu'on n'en parle plus !

Le pétainisme, ontologiquement hostile à la laïcité, accepte que la vérité puisse devenir sacrilège et que soient instituées dans notre droit, comme dans la plupart des pays musulmans, des peines pour « quiconque offense le Prophète ou dénigre le dogme ou les préceptes de l'islam ». Telle est la loi en Algérie, où vous pouvez croupir des mois en cellule après qu'on a trouvé chez vous un coran avec une page déchirée, ou écoper de trois ans de prison, comme Saïd Djabelkhir, chercheur de renom, pour avoir écrit, entre autres, que le sacrifice du mouton, tradition musulmane, existait avant l'avènement de l'islam, ce qui n'est pourtant pas discutable.

Le pétainisme ne souffre pas que soient remises en question les décisions de justice, y compris quand elles sont abjectes, aujourd'hui comme dans les années 1940.

Un arrêt historique de la Cour de cassation a ainsi décidé que l'assassin islamiste d'une juive, Sarah Halimi, ne serait pas jugé parce que l'absorption d'une dose (modérée) de cannabis avait provoqué chez ce « malheureux » une « bouffée délirante aiguë ». Aussitôt, les Trissotin officiels ont gingîné des hanches pour nous expliquer que la haute juridiction n'avait fait qu'appliquer le droit et l'article 122-1 du Code pénal, lequel conclut à l'irresponsabilité pénale en cas d'abolition du discernement du criminel. Les jobards !

Le pétainisme et sa camarilla veulent nous tromper, comme au temps de Radio-Paris, la voix de Vichy : « Radio-Paris ment, Radio-Paris est allemand », disaient les résistants. Pourquoi l'instruction a-t-elle été bâclée ? Pourquoi l'abus de stupéfiants, considéré jusqu'à présent par la justice comme une circonstance aggravante, est-il devenu, soudain, une circonstance atténuante ? Risibles et pathétiques sont, de surcroît, les déclarations du procureur général François Molins, qui ne voit pas de contradiction en droit dans le fait qu'ait été reconnu par les hauts magistrats le caractère antisémite du crime alors qu'il aurait été soi-disant commis en l'absence de discernement !

Le même Molins qui, dans une tribune signée avec Chantal Arens, première présidente de la Cour de cassation, s'était cru autorisé, il n'y a pas si longtemps, à demander quasiment la tête du garde des Sceaux, Eric Dupond-Moretti, coupable d'avoir fait diligenter une enquête administrative sur les turpitudes du Parquet national financier, qui serait donc au-dessus des lois ! Pour qui ces gens-là se prennent-ils ? Où sont passés le régalien et le devoir de réserve ? Mais ne déprimons pas. Nous ne sommes pas à Fort Apache : cette fois, la cavalerie arrive, elle est même là…

Le pétainisme est « français de souche », comme on dit à l'extrême droite. Les épigones islamo-gauchistes de La France soumise (Mélenchon, Hamon, Bayou, Piolle, Plenel, Autain…) ont d'ordinaire des noms qui fleurent le vieux terroir bien de chez nous. Face à eux, les résistants de la France libre s'appellent Amine El Khatmi, Sonia Mabrouk, Rachel Khan, Fatiha Agag-Boudjahlat, Linda Kebbab, Lydia Guirous, Mohamed Sifaoui, etc. Souvent venus de ce qu'on appelait jadis la gauche, ils connaissent presque tous les islamistes et savent de quoi ils parlent. Ce sont eux qui incarnent le mieux l'avenir du pays et son « âme spirituelle », qu'ils célèbrent contre les néocollabos, sans démagogie, avec les mots de Bernanos ou de Péguy. Il faudrait les remercier chaque semaine !

Le 29 avril 2021

9.

PARIS-MARSEILLE, LA DOUBLE MEPRISE

Paris-Marseille : pourquoi tant de haine ?

La polémique entre Paris et Marseille à propos du coronavirus n'est pas anecdotique. Elle est l'illustration de ce qu'Alain Peyrefitte appelait « le mal français », titre d'un énorme best-seller des années 1970, qui pointait du doigt, entre autres, la suradministration et l'hypercentralisation de notre pays. Depuis, malgré les réformes censées décentraliser la France, rien ou presque n'a changé.

Voyez le ministre de la Santé, Olivier Véran, morgue pleine, détenteur de la science infuse, Diafoirus moderne jugeant les masques « pas nécessaires » et les décrétant obligatoires à quelques mois d'intervalle. Au lieu d'en rabattre et de la jouer modeste après ses erreurs du printemps, il se permet d'annoncer une batterie de mesures dans les Bouches-du-Rhône sans prendre la peine de consulter la présidente de la métropole, Martine Vassal, ni la maire de Marseille, Michèle Rubirola, ni celle d'Aix-en-Provence, Maryse Joissains.

Que M. Véran soit préoccupé par la propagation du

virus à Marseille ou Aix, on ne le lui reprochera certes pas : peut-être même a-t-il été bien avisé de frapper fort. C'est la méthode qui est insupportable. Elle rappelle les pires heures de l'Ancien Régime ou du jacobinisme robespierriste. Les Provençaux étant, comme tous les « provinciaux », ramenés au rang de sous-humains, le ministre n'est allé au contact de leurs élus qu'après avoir annoncé, la veille, la fermeture des bars et des restaurants.

Quand en finira-t-on avec le caporalisme ? Jupiter ne touche toujours pas terre : les leçons de la crise des gilets jaunes n'ont pas encore été tirées par le pouvoir. Après sa nomination à Matignon, Jean Castex avait annoncé avec son bel accent chantant une « révolution » des esprits : le gouvernement serait à l'écoute des territoires pour « ressouder » le pays. Il n'en est rien. Notre belle capitale vit plus que jamais à l'heure de l'hydrocéphalie, cette surabondance du liquide cérébro-spinal, que moquait naguère l'écrivain Julien Green : « Paris a une grosse tête par rapport à la France, écrivait-il. Ce n'est pas dans les grosses têtes qu'il y a les gros cerveaux. »

Si Marseille semble plus portée à la désobéissance civile et aux appels à l'insurrection que d'autres territoires français, même quand ils ont été remuants à l'instar de la Bretagne, c'est sans doute parce qu'elle nourrit depuis longtemps une sourde détestation envers la capitale qui la lui rend bien. La marseillophobie est de toutes les époques. La guéguerre marseillo-parisienne n'a pas commencé, il s'en faut, avec les matchs OM-PSG et le folklore afférent. C'est même une longue histoire.

Le 6 janvier 1659, celui qu'on appellerait bientôt le Roi-Soleil en fit les frais, quand, venus présenter leurs hommages au monarque avec les autorités marseillaises, deux gentilshommes, Niozelles et son frère, le commandeur de Cuges, refusèrent de se mettre à genoux devant le roi. « L'esprit démocratique de Marseille, observe un chroniqueur du XIXe siècle, Augustin Fabre[1], fatiguait Louis XIV qui se préparait à lancer les foudres de sa vengeance. »

L'année suivante, visitant la Provence, le roi fit creuser, pour y pénétrer avec Mazarin et sa cour, une grande brèche dans les remparts de la cité phocéenne, comme s'il s'agissait d'une forteresse ennemie. « Un morne silence, raconte Augustin Fabre, régna dans Marseille humiliée qui offrait le triste spectacle d'une ville prise d'assaut. » Louis XIV fit ensuite construire deux forts au sommet desquels les canons étaient pointés, non pas vers la mer, mais en direction de la cité phocéenne.

Edifiant fut l'épisode de la peste à Marseille, en 1720, que raconte l'historien Gilbert Buti dans un livre stupéfiant publié ces jours-ci, *Colère de Dieu, mémoire des hommes*[2]. Arrivée dans la cité phocéenne par l'entremise d'un navire chargé d'étoffes en provenance du Levant, la pandémie tua un tiers de la population de Provence, évaluée alors à 400 000 habitants. Trois siècles avant le Covid-19, ont été instaurés le confinement de Marseille et l'interdiction de commercer avec ses habitants, sous peine de mort.

Pour couronner le tout, un mur sanitaire dit « de la peste » avait même été édifié à la demande du pouvoir central pour protéger notamment l'actuel Vaucluse. Jalonné

1. *Histoire de Marseille*, 1829.
2. Editions du Cerf, 2020.

de guérites et de corps de garde pour les milliers de soldats affectés à la surveillance, ce mur était d'une hauteur de 2 mètres pour une largeur d'environ 65 centimètres.

On n'en est pas encore là, loin s'en faut, mais il est troublant de constater que, comme pour donner raison au concept antique de l'éternel retour, l'Histoire peut être, à certains égards, du passé qui recommence, sur fond de centralisme outrancier ou d'animosité réciproque entre Paris et Marseille.

Le 1er octobre 2020

Macron, Stendhal et Hugo

Où allons-nous ? Nous ne le savons pas mais nous y allons à pleins gaz, sans regarder derrière ni devant. Partout sur la planète, nous vivons la même révolution (numérique). Autrement dit, des têtes vont tomber : dans ces périodes-là, tout est toujours possible, même le pire. D'où l'utilité publique des lanceurs d'alerte, qui font souvent penser à des voyageurs malgré eux, tirant sur la sonnette d'alarme d'un TGV dont les freins ont lâché.

Marine Le Pen sera élue présidente de la République en 2022 : au terme d'une analyse plutôt convaincante, Jean-Christophe Cambadélis, ancien premier secrétaire du PS et excellent connaisseur de la carte électorale, est arrivé à cette conclusion. Il est convaincu qu'Emanuel Macron, qui est toujours rejeté, quoi qu'il fasse, par « 70 % d'une sourde opposition hétérogène », risque d'être victime du dégagisme, le premier parti de France.

Les fruits du dégagisme sont souvent bien amers. La preuve par Boris Johnson, Tartarin antisystème, nostalgique de l'époque victorienne, surnommé le clown BoJo : il n'a pas encore compris que l'une des principales conséquences du Brexit qu'il appelle de ses vœux sera une récession économique mais aussi l'indépendance de l'Ecosse, puis la sécession de l'Irlande du Nord, c'est-à-dire la fin du Royaume-Uni, qu'il prétendait refonder. Le jobastre !

C'est entendu, il ne faut jamais confier les clés du pouvoir aux ronchons, aux originaux et aux tenants du « C'était mieux avant ». Il serait cependant stupide de ne pas prêter attention à leurs mises en garde. Quelques semaines après la parution du somptueux livre de Jean Clair à la gloire de feu la France rurale, *Terre natale* (Gallimard), voici l'essai lumineux de notre grand scrogneugneu national, Régis Debray, *Du génie français*[1], qui déconstruit sans pitié les travers de notre époque.

Du génie français tourne autour d'une question de cours qui lui aurait été posée par la Société des gens de lettres (SGDL), elle-même interrogée par la présidence de la République : à qui faudrait-il confier la représentation internationale du génie national ? Selon les résultats de la consultation de la SGDL auprès des siens, si l'on veut que l'âme du peuple devienne l'âme d'un homme et inversement, deux figures émergeraient en France : Stendhal, largement en tête du scrutin, et Hugo, bon deuxième. Choix qui passe un peu vite pour profits et pertes deux immenses monuments français, Molière ou Balzac, mais

1. Gallimard, 2019.

convenons qu'ils sont moins porteurs d'une philosophie de la vie que les deux autres.

Inutile de vous faire un dessin : Macron est un personnage de Stendhal, l'homme qui rajeunit en vieillissant et qu'un de ses amis surnommait affectueusement « Jemoi ». Le président fait souvent référence à l'auteur de *Le Rouge et le Noir* qui, a-t-il dit un jour, au lieu de se commettre dans les concepts et les doctrines périssables, s'est laissé mener « par un goût inouï de la liberté, par une curiosité insatiable, par une bravoure impétueuse, en somme par un immense amour de la vie ». Un autoportrait ?

Régis Debray a beau essayer, pour la forme, de dézinguer Stendhal et sa fièvre égotiste, en phase avec la selfisation de la planète, il ne peut se déprendre d'une réelle admiration pour ce moi à têtes multiples, amateur d'art et d'aventures, qui « écrit au débotté, sans flonflons ». Loin de lui l'idée de se gausser, comme Bernanos, de « cette énorme sensualité refroidie » qui « dégage une odeur pestilentielle ». Au contraire, il est sous le charme de cet homme dont les affaires de cœur furent la seule grande affaire.

Mais son cœur à lui le porte vers l'himalayesque Hugo s'il s'agit de désigner l'écrivain qui accédera à la fonction suprême, celle d'incarner la France. Alors que Stendhal « réduit l'homme à l'individu », l'auteur des *Misérables* « voit l'homme à travers l'individu... L'homme au complet : il baise, il rêve, il prie ». Régis Debray n'insiste pas trop. La cause hugolienne est gagnée d'avance, la chose est jugée depuis longtemps.

La force de Hugo est de préférer le pluriel au singulier et de faire place aux arrière-mondes comme à l'outremonde. Sans oublier de communiquer avec les morts. Nous tirant toujours vers le haut, sans craindre l'enflure, il est aussi l'homme du peuple et de l'Univers. Après sa phase furieusement stendhalienne, Emmanuel Macron ne serait-il pas, dans la seconde moitié de son mandat, en train de s'hugoliser un brin ?

Le 12 septembre 2019

Macron, la dette de l'Etat et le syndrome marseillais

C'est le degré zéro de la politique, une mauvaise séquence de cinéma qui nous rappelle que, comme disait Nikita Khrouchtchev, les politiciens font un métier qui consiste à promettre de construire des ponts, même quand il n'y a pas de fleuve.

M. Macron vaut sans doute mieux que ça. Mais son show marseillais, la semaine dernière, augurait mal du niveau de la campagne présidentielle qui commence. Que les caisses de l'Etat soient quasi vides, cela n'a pas empêché « Manu-les-poches-pleines » de jouer au Père Noël, par ici la bonne soupe, sous l'œil complaisant des médias, qui avaient le doigt sur la couture du pantalon.

Autres temps, autres mœurs. Il avait fallu un an à M. Ayrault, Premier ministre de M. Hollande, pour mettre au point un plan de 3 milliards qui, en 2013, était déjà censé permettre à la métropole Aix-Marseille de faire face à la « montée de la criminalité ». M. Macron a bâclé le sien, chiffré à 1,5 milliard, en quelques jours, après la mort d'un ado, en vertu d'un théorème qui ne contribue pas qu'un peu à rabaisser la politique : un fait divers qui émeut les Français égale une loi ou une subvention, ou les deux.

Qu'il faille investir sur Marseille, ville pauvre, c'est incontestable, et beaucoup a été fait, ces dernières années, sous le règne de Jean-Claude Gaudin, à l'image des pharaoniques rénovations encore en cours dans les 3e ou 15e arrondissements de la ville, qui font partie des quartiers pauvres. Mais, avant de sortir en toute hâte le carnet de chèques (en bois), avant la présidentielle, n'aurait-il pas mieux valu que le chef de l'Etat consulte, écoute et réfléchisse un peu ? Peut-être considérait-il que c'eût été une perte de temps.

Puissent les candidats de 2022 ne pas multiplier les « marseillades » de ce genre et la campagne électorale ne pas ressembler encore à une foire aux promesses qui n'engageraient que ceux qui les reçoivent. L'heure est trop grave : dans l'état actuel de ses finances, la France n'a plus les moyens de la démagogie des politiciens, et ceux qui prétendent la représenter demain n'ont pas le droit de se vautrer dans l'ochlocratie, le gouvernement par la foule, que Jean-Jacques Rousseau définissait comme une dégénérescence de la démocratie et la fin de la volonté générale.

Dans *Le Suicide français*, énorme best-seller, paru en 2014, Eric Zemmour annonçait dans un sépulcral épilogue que notre cher et vieux pays était mort, cliniquement mort, déjà couvert de pelletées de terre. Depuis le temps, sa décomposition aurait dû être bien avancée. Mais non, ô miracle, il a entre-temps ressuscité : *La France n'a pas dit son dernier mot*, tel est le titre, bien moins catastrophiste, du nouvel opus zemmourien, promis à un grand succès. Tous les espoirs nous seraient-ils encore permis ? Sans doute.

Il suffirait d'ouvrir les yeux, pour une fois. La culture du déni, spécialité française, à gauche comme à droite, permet à nos « élites » d'occulter tout ce qui menace notre identité, sinon notre essence : la désindustrialisation, l'acculturation, la montée de la délinquance, l'accélération des flux migratoires, le grand délire de nos dépenses publiques, les plus élevées des pays de l'OCDE. Sans parler de l'endettement de l'Etat, qui culmine désormais à 120 % par rapport au produit intérieur brut, la richesse nationale. Tout cela dans un climat de laisser-aller général, sur fond de perte d'autorité.

Jusqu'à présent, c'est l'Italie qui était considérée, avec la Grèce, comme l'un des plus mauvais élèves de l'Union européenne. Nous sommes en train de prendre sa place, au fond de la classe. Sa balance commerciale était excédentaire en 2020 (+ 63,5 milliards d'euros) alors que la nôtre, minée notamment par la désindustrialisation, était, comme d'habitude, déficitaire (– 65,2 milliards). L'Italie a certes une dette relativement plus importante que la nôtre : 155 % par rapport au PIB. Mais, contrairement à nous, ce sont ses ressortissants qui, comme au Japon, en détiennent la plus grande part, ce qui est moins pénalisant pour son économie.

L'Italie a surtout trouvé son de Gaulle alors que nous le cherchons toujours en vain. Il s'appelle Mario Draghi. Après avoir dirigé la Banque centrale européenne, il est depuis le début de l'année président du Conseil des ministres, soutenu par toute la classe politique ou presque.

En attendant de Gaulle…

S'il n'a pas encore fait son Mai 58, cet homme d'Etat semble bien décidé, à l'inverse des politiciens, à préparer la prochaine génération plutôt que la prochaine élection.

La France a-t-elle un Mario Draghi en magasin ?

Le 10 septembre 2021

10.

L'EUROPE, INVENTION FRANÇAISE

Mais comment peut-on être antieuropéen ?

Pendant un meeting ou une conférence en France, il y a toujours un bon moyen de se faire applaudir par l'assistance en délire : vitupérez contre l'Europe, cassez du Bruxelles, agonissez d'injures Juncker, le président de la Commission. Effet garanti.

L'Union européenne mérite-t-elle les tombereaux de brocards, d'outrages, de sottises, que l'on déverse sur elle ? Sans doute. Elle n'est plus qu'un amas de boutiquiers. Il lui manque une âme, une transcendance, que savaient lui donner naguère des personnalités fortes, prêtes à jouer leur destin pour elle.

Question de génération : ont dégagé le terrain toutes les grandes figures qui avaient vécu la Deuxième Guerre mondiale dans leur chair et décidé, sur ses décombres encore fumants, de tout faire pour éviter la troisième. C'étaient de Gaulle, Adenauer, Giscard, Schmidt, Mitterrand, Kohl, etc. Leurs successeurs croient que l'histoire du monde a commencé le jour de leur naissance. Ils ne savent pas qu'elle est tragique et repasse volontiers les plats.

L'europhobe est devenu une espèce en voie de prolifération. Il se reconnaît de loin. A part les exceptions qui, comme on dit, confirment la règle, il ne parle pas anglais, voyage peu, zappe la presse, ne connaît rien à l'économie en dehors de ce que l'enseignement public a bien voulu lui transmettre, autrement dit la vieille soupe à la pensée magique du *Monde diplomatique* ou d'*Alternatives économiques*, bouffetance de tous les extrémismes.

L'europhile, lui, se fait rare : aujourd'hui, l'espèce est si menacée qu'au train où vont les choses on peut se dire qu'il n'y en aura bientôt plus que dans les zoos ou les musées. Il est vrai qu'il faut du mérite pour oser soutenir l'Europe. A bien des égards, elle est indéfendable. En votant non au référendum de 2005 sur la Constitution européenne, le peuple français l'a empêchée de mettre fin à son foutoir institutionnel et de se doter d'une organisation politique digne de ce nom.

Une des innombrables légendes antieuropéennes prétend que, après l'échec du référendum de 2005, l'Union européenne a fait adopter en douce, lors du traité de Lisbonne, le texte que les Français venaient de rejeter. Fadaises ! A force d'être répété, ce mensonge est devenu une vérité, mais force est de constater que les dirigeants européens, s'ils ont repris subrepticement la plupart des éléments du projet refusé, ont omis l'essentiel.

L'essentiel ? Au lieu de cette ridicule et fantomatique présidence tournante qui change de tête (et de pays) tous les six mois, la Constitution blackboulée par les Français mettait en place un président du Conseil européen, désigné pour un mandat de deux ans et demi, renouvelable une fois, qui aurait été un chef, un vrai, pour notre vieux continent.

Faute d'un capitaine à la barre, l'Europe est un canard sans tête, un rassemblement hétéroclite à irresponsabilité illimitée, une carpette sur laquelle tous les politiciens essuient leurs pieds crottés, le bouc émissaire de toutes leurs lâchetés, pleutreries, névroses. Comment voulez-vous qu'elle marche ? Et pourtant, comme disait l'autre, elle tourne ! Mais dans quel état !

C'est pourquoi l'Europe est à refaire, et l'ancien ministre des Affaires étrangères Hubert Védrine a mille fois raison d'appeler, dans un petit livre lumineux[1], à « une conférence refondatrice » pour « re-responsabiliser » les Etats membres en localisant certaines décisions pour mieux se concentrer sur les grands programmes.

L'Europe souffre de plusieurs maux dont le moindre n'est pas une conception très française, c'est-à-dire ultra-jacobine, verticale, de son mode de fonctionnement, une obsession tatillonne de l'uniformisation, la culture du plat unique, une volonté d'éradiquer à tout prix les différences nationales, jusque dans la composition des fromages traditionnels. Autant de particularismes qu'un système fédéral aurait permis de préserver, sinon de mettre en valeur. Mais pour ce faire, il eût fallu mettre sur pied ces « Etats-Unis d'Europe » que Victor Hugo appelait de ses vœux.

Rien ne nous oblige à édicter autant de normes : même assouplie, l'unanimité reste la règle entre les 28 Etats membres. A force d'avoir nié les nations, elles se sont

1. *Face au chaos, sauver l'Europe !*, Liana Levi, 2019.

vengées, les voilà revenues en force derrière les tambours assourdissants de la désinformation. Ne nous lassons pas de répéter, comme tous les bons Européens[1], ces vérités indélébiles : la Commission ne compte que 33 000 fonctionnaires, soit la moitié du personnel de la ville de Paris, et son budget représente seulement 1 % du PIB européen, 80 % étant redistribués aux pays européens !

Rien n'a vraiment changé, hélas, depuis qu'Erasme observait : « L'esprit de l'homme est ainsi fait que le mensonge a cent fois plus de prise sur lui que la vérité. »

Le 16 mai 2019

Pro ou antieuropéens, lisez Stephen Smith, on discutera après !

Depuis la fin du XIXe siècle, des auteurs français de toute sorte, de Maurras à Zemmour en passant par Huysmans, ont parlé de la France comme si c'était un cadavre. Depuis le temps que l'on jette des monceaux de fleurs sur sa tombe, on pourrait croire qu'elle est morte, sortie de l'Histoire.

La faute à qui ? A l'Autre ! Bon sang, mais c'est bien sûr ! Naguère, c'était le juif, le hors-venu, le cosmopolite. Aujourd'hui, c'est l'Europe qui joue ce rôle : arrivée en fin de cycle, elle est accusée par ceux qu'on appelle les

1. François le Hodey dans *La Libre Belgique*, le 25 mars 2017.

populistes d'ouvrir les vannes à des flots de migrants tout en suçant le sang de son vieux peuple anémié qu'elle précipite toujours davantage dans la pauvreté.

Comparez l'état général de l'Union européenne d'aujourd'hui à celui la Communauté de 1958 et vous verrez qu'il n'y a pas photo. Hélas pour l'Europe, sa popularité n'est plus indexée, comme par le passé, sur ses performances économiques, la croissance ou le niveau des taux d'intérêt. Son drame n'est pas comptable, mais existentiel, métaphysique. Rongée par une angoisse ontologique, elle sent le sol se dérober sous ses pieds.

L'immigration est la principale raison de la grande peur des Européens. C'est le sujet de *La Ruée vers l'Europe. La jeune Afrique en route pour le Vieux Continent*, de Stephen Smith[1], qui vient de recevoir le prix de la *Revue des Deux Mondes*. Une superbe leçon d'intelligence. C'est normal, tant est grand le mélange de modestie et d'honnêteté de l'auteur, qui a longtemps suivi l'Afrique pour *Libération* avant de se reconvertir dans l'enseignement universitaire aux Etats-Unis. Il veille, ce qui est souvent considéré comme une perte de temps, à donner tous les points de vue. D'où un livre très dérangeant.

Stephen Smith nous offre une grille de lecture pour comprendre ce qui se passe aujourd'hui et, surtout, ce qui arrivera demain à notre Vieux Monde fatigué. Selon une étude des Nations unies, l'Union européenne devrait accueillir 50 millions d'immigrés à l'horizon de 2050, soit 1 million par an, pour stabiliser le nombre de ses habitants et conjurer ainsi le déclin démographique. Si elle voulait maintenir son niveau de population active, celle qui se

1. Grasset, 2018.

trouve entre 15 et 64 ans, elle devrait, en revanche, en accueillir 80 millions, soit 1,6 par an !

La question de la survie européenne n'est-elle pas en train de nous rendre fous ? C'est le phénomène de l'immigration qui explique le triomphe du Mouvement 5-étoiles (antisystème) et de La Ligue (extrême droite) aux dernières élections italiennes. Quand une carpe et un lapin représentant, excusez du peu, 17 millions d'Italiens nouent une alliance improbable autour d'un programme dément, c'est parce qu'ils sont d'accord sur un point : l'expulsion d'urgence de 600 000 migrants. Nous entrons dans une période de l'Histoire où l'irrationnel primera.

Insulter les peuples qui ont mal voté n'est pas une solution. D'autant que, à en croire Smith, les ennuis sont devant nous. Au train où vont les choses, il pourrait y avoir sur le Vieux Continent, dans trente ans, 200 millions d'Afro-Européens, contre 9 aujourd'hui. Devenue synonyme d'immigration, l'idée européenne pourrait aller audevant de graves déconvenues électorales qui, à la longue, finiront par la menacer dans son être.

Certes, leur victoire n'a pas réussi aux clownesques artisans du Brexit qui, tel Nigel Farage, ne peuvent pas se promener dans les rues de Londres sans être insultés ou visés par des jets d'œufs, tandis que Nigel Lawson, un autre pitre, vient s'exiler… en France ! En attendant, le rejet de l'Europe progresse partout aux élections – en Allemagne, en Hongrie, en Slovénie dimanche dernier, etc. Politiquement, c'est une valeur d'avenir.

L'Histoire rendra grâce à M. Macron et à Mme Merkel d'avoir su résister, non sans panache, à la déferlante europhobe. Force est de constater qu'ils ont du mal à remettre en marche la machine européenne échouée sur le bas-côté depuis que la France a dit non au référendum de 2005 sur le traité constitutionnel. Or nous n'aurons aucune chance d'exister sans l'Europe, alors que s'érigent de nouveaux empires : la Chine et l'Inde, dont l'économie devrait se hisser à la cinquième place mondiale cette année, devant la France et la Grande-Bretagne.

Mais ce sont, hélas, des arguments qui ne tiennent plus face aux nouveaux défis : devant les perspectives d'immigration massive, l'Europe doit trancher. Ou bien elle devient une « forteresse Europe » inaccessible derrière ses grillages ; ou bien elle se réinvente comme une sorte d'« Eurafrique », sur fond d'universalisme humaniste, ce qui sonnerait le glas du modèle social à l'européenne, un Etat providence sans frontières n'étant pas viable ; ou encore elle tente de survivre avec une politique « de bric et de broc » en suivant plusieurs stratégies à la fois. C'est sans doute ce dernier scénario qui prévaudra. Mais il ne nous mettra pas à l'abri des tempêtes, des coups de vent, des crises italiennes…

Le 7 juin 2018

11.

DINGUE, « LE DONALD » ?

Le phénomène Trump ou la grande faillite des médias

Voici sans doute l'un des plus grands fiascos médiatiques de l'Histoire : parmi tous les organes d'information de la planète, aucun ou presque n'avait prévu que Trump pourrait perdre l'élection de justesse, après que le coronavirus avait dévasté l'économie américaine. Tout le monde s'attendait à un raz de marée électoral pour Biden, homme respecté et respectable. Or Trump a réalisé une performance incroyable en échouant sur le fil, alors que tous les éléments s'étaient ligués contre lui et qu'il avait gagné, et de loin, le concours mondial des calembredaines sur le Covid-19.

La preuve a été faite que le trumpisme est une réalité politique durable. Avec son égotisme de mufle misogyne, Trump est certes humainement indéfendable ; politiquement aussi, à bien des égards. Mais on ne peut que s'insurger contre le traitement qui lui aura été infligé, jusqu'à sa chute, par la bien-pensance médiatique, hystérisée jusqu'au ridicule par cet extravagant président.

Ne sommes-nous pas entrés au stade paroxystique de l'horreur médiatique, quand tout candidat au poste suprême devient illégitime sinon inéligible dès lors qu'il n'est pas de gauche ? Que les médias aient leurs préférences et leurs partis pris, c'est normal. Mais il était triste pour notre métier de voir tant de journalistes transformés en propagandistes enfiévrés, en fébriles attachés de presse, traitant le loufoque Trump de tous les noms parce qu'il ne reconnaissait pas sa défaite – comme Al Gore, qui, en 2000, dans les mêmes conditions, attendit le 12 décembre pour le faire, après une décision de la Cour suprême. Mais il est vrai qu'il était démocrate.

O, *New York Times*, qu'ont-ils fait de toi ? Une feuille électorale. Biden méritait mieux que cette avalanche de publireportages à peine dignes du niveau de CM2 qui a déferlé sur la planète. Pour ne pas tomber dans le travers de nos chers confrères, regardons au moins ce qu'il y a sous la croûte grotesque, on en convient volontiers, du trumpisme.

S'il n'a pas été un grand président, l'homme d'affaires aura au moins réussi à réveiller l'économie américaine. Roi de la prophétie autoréalisatrice, il s'est employé à relancer la croissance quoi qu'il en coûte et peu lui chaut l'écologie ! A l'évidence, elle a profité aux minorités et aux classes sociales les plus pauvres.

Tel est le paradoxe : il ne faut pas le dire, le secret a été bien gardé, mais la politique de Trump a profité aux plus démunis. Pendant les trois premières années de son mandat, 4 millions de personnes sont sorties de la pauvreté, dont le taux est tombé à son plus bas niveau depuis 1959. Ce qui explique ses scores en progression chez les Latinos et même chez les Noirs, qui, au début de l'*annus horribilis* 2020, étaient seulement plus de 5 % à chercher un emploi. Son coup de frein à l'immigration a, par ailleurs, obligé les patrons, faute d'un surcroît de main-d'œuvre, à augmenter les bas salaires. Ce n'est pas être trumpiste que de rappeler ces faits que les médias ont mis sous le boisseau, comme beaucoup d'autres.

Face à une administration Trump, forteresse assiégée, qui mettait au pinacle les « faits alternatifs », resucée des *fake news*, les médias ont été aveuglés par la haine : oubliant leur devoir d'honnêteté, ils sont passés à côté du phénomène. Coalisant derrière lui les petits Blancs, les gilets jaunes américains, les classes moyennes, beaucoup de « cols bleus » et même des minorités, le milliardaire populiste n'était en effet pas celui qu'on nous a raconté.

Disruptif, ce bodybuilder de la politique avait contre lui à la fois les médias, l'establishment et le mur de l'argent. Si l'on compare les collectes de fonds des candidats républicains et démocrates au Sénat, « la finance », comme disait l'autre, avait clairement choisi les partisans de Biden, dont la capacité financière était souvent deux fois plus grande.

On ne pleurera pas Trump. A la fin, ce n'est pas lui qui est à plaindre, c'est nous, les médias. L'honneur du journalisme est certes d'avoir une morale et des opinions mais aussi d'éveiller les esprits, de gratter où ça fait mal, tout en sachant toujours garder du recul. L'épisode américain laisse à penser que notre métier déteste de plus en plus l'information, surtout quand elle dérange, ce qui est souvent le cas. La preuve, faisant fi de toute déontologie, le soir du scrutin, il s'est érigé en censeur du président sortant, plusieurs chaînes américaines de télévision coupant son discours, au lieu de le diffuser pour le dézinguer après.

Quand les médias tronquent ou expurgent au nom du Bien et du Mal, c'est qu'ils ont la maladie. Ils donnent alors raison à l'un de nos bons philosophes, Georges Wolinski (1934-2015), caricaturiste et martyr de la liberté d'expression, qui observait, résumant la vox populi : « Les journalistes ne disent pas la vérité, même quand ils la disent. »

Le 12 novembre 2020

Président Trump : un métier de m…

Président Macron est un métier qu'on ne peut souhaiter à son pire ennemi. D'abord, il faut se fader régulièrement Vladimir Poutine et son regard de serpent froid, narcissique. Ou bien le Turc Erdogan et ses mauvaises manières de psychopathe mégalomane. Ou encore Donald Trump, cette montgolfière d'égotisme, mammouth imprévisible, terreur des porcelaines. Sans parler des éditorialistes ronchons.

Président Trump, c'est encore pire : un cauchemar permanent. Quoi que vous fassiez, les médias vous vomissent. Vous reconnaissez Jérusalem comme capitale d'Israël ? Ils annoncent une nouvelle guerre au Proche-Orient. L'économie américaine repart-elle ? Ils prophétisent une grande crise incessamment sous peu. Vous asticotez l'Iran ? Ils prennent aussitôt le parti du régime des mollahs : qu'importe si celui-ci, arriéré et misogyne, a pendu 94 femmes en six ans, pourvu qu'il soit anti-américain et anti-israélien.

Qu'aucune de ces prédictions ne se soit réalisée ne change rien. Les médias persistent : ils ont toujours besoin d'avoir un affreux croquemitaine sous la main. Il s'appelle, selon les cieux ou les époques, Jean-Marie Le Pen, Benyamin Netanyahou, etc. Sa stigmatisation permanente permet d'édifier les masses tout en divisant le monde entre gentils et méchants, l'une des activités journalistiques préférées du moment, confortable et il est vrai pas fatigante. Inutile de vous dire dans quelle liste figure le président américain.

Comme il n'est ni Hitler ni Staline, excusez du peu, on est en droit de trouver cette unanimité suspecte. Le président américain a-t-il perpétré un génocide ? Certes, ses méthodes sont souvent détestables : Donald Trump n'a ni l'art ni la manière de gouverner. Mais, en dépit de sa gestion foutraque des dossiers, force est de constater qu'il a marqué plusieurs points depuis son arrivée à la Maison-Blanche.

Il a relancé l'économie américaine, c'est entendu, même si elle présente aujourd'hui quelques signes de faiblesse, notamment à cause de la guerre commerciale qu'il mène contre la Chine. Mais s'il l'a déclenchée, tous crocs dehors, c'est pour obtenir un nouvel accord, moins favorable à l'empire du Milieu, qui, jusqu'à présent, entrait comme dans du beurre sur le marché des Etats-Unis, pour le grand malheur de leur balance du commerce extérieur (621 milliards de dollars de déficit l'an dernier).

Que cherche Donald Trump en donnant ainsi des coups dans tous les sens ? Pour le comprendre, il y a un seul livre à lire : le sien, son préféré après la Bible, *The Art of the Deal*, paru en 1987 et réédité régulièrement depuis. Il ne croit qu'au rapport de force dans tous les domaines. Pour bien négocier, il faut cogner, taper, molester jusqu'à ce qu'accord s'ensuive. Cette tactique ayant obtenu des résultats avec la Corée du Nord, il l'utilise désormais contre l'Iran, avec un succès qui, pour l'heure, se fait attendre.

Faut-il reprocher à Donald Trump de douter de la bonne foi de l'Iran après l'accord de Vienne sur le nucléaire que la République islamique a signé en 2015 avec l'Union européenne et six grandes puissances, dont la Russie, la Chine, les Etats-Unis ? Nous vivons aujourd'hui dans un monde sans repères, le cul par-dessus tête, où il suffit de s'opposer au président américain pour obtenir la faveur des médias, qui ont la même liberté de jugement que le chien de Pavlov, du nom du découvreur russe du réflexe conditionné.

Etat voyou, la République islamique n'a pas hésité, pour une sombre histoire de pots-de-vin non perçus, à mettre la France à feu et à sang en inspirant ou en orchestrant une série d'attaques terroristes qui culminèrent, en 1986, avec l'attaque de la rue de Rennes, de sinistre mémoire. Aujourd'hui, elle s'en prend à des tankers dans le détroit d'Ormuz. Quand on négocie avec des dirigeants de cette espèce, corrompus et sans foi ni loi, il est toujours judicieux d'utiliser une longue cuillère, sans oublier de vérifier le nombre de ses doigts chaque fois qu'on leur a serré la main.

Aveuglés par leur haine fébrile et ridicule de tous les instants, les médias n'ont pas eu le temps de s'attarder, à quelques exceptions près[1], sur une grande faute morale

1. Lire Bret Stephens dans le *New York Times*, daté du 24-25 août.

que Donald Trump est en train de commettre et qui devrait entacher à jamais son mandat : un accord avec les talibans pour qu'ils n'attaquent pas les troupes américaines en Afghanistan (actuellement 14 000 soldats) avant leur retrait total, prévu en octobre 2020. Tout cela, bien sûr, dans le dos du gouvernement démocratiquement élu de Kaboul. Une ignominie qui en rappellera d'autres, quand la France « abandonna » les harkis au FLN lors de l'indépendance de l'Algérie ou quand Nixon se lava les mains de ce qui pourrait arriver aux Sud-Vietnamiens après la victoire du Vietcong.

Le 5 septembre 2019

Ce qu'il ne faut pas jeter de Trump

Apparemment, Donald John Trump, 74 ans, est mal parti. Même s'il reprend des couleurs dans certains sondages, on peut penser qu'il ne sera pas réélu à la présidence des Etats-Unis, pour lesquels sa défaite programmée ne serait pas une perte. S'il avait réussi, avant le coronavirus, à relancer l'économie américaine, ce qui semblait lui assurer sa victoire en novembre, force est de constater qu'il a eu aussi tout faux dans beaucoup de domaines. Sur le plan écologique, en particulier.

Joseph (Joe) Robinette Biden, le président annoncé, n'est pas un blanc-bec ni un bas-bleu. Malgré son âge (il aura 78 ans au moment d'entrer en fonction), il faut espérer qu'il aura assez d'énergie pour résister aux siens et conserver les quelques acquis du trumpisme, notamment sur le plan international : car il y en a ! Avec sa diplomatie foutraque d'éléphant dans un magasin de porcelaine, Trump a pulvérisé pas mal de vieilles lunes. N'oublions pas de nous en souvenir quand viendra, si sa défaite se confirme, le moment de son *De profundis*.

« Mea maxima culpa » : l'auteur de ces lignes avait dénoncé à tort, il y a quatre ans, le supposé ultra-protectionnisme de Trump. En renégociant les traités, le président américain voulait seulement en finir avec l'ingénuité un peu infantile des Occidentaux dans leurs relations commerciales avec des nations qui, comme la Chine, ont du mal à admettre la réciprocité. Au nom d'un libéralisme mal compris, ils ont souvent eu tendance, telle l'Union européenne, à leur donner satisfaction, aux dépens de leurs propres intérêts.

La Chine est un pays, que dis-je, une civilisation appelée à devenir incessamment sous peu la première puissance économique du monde. Ce n'est pas lui faire la guerre que d'être ferme, voire sportif, avec elle en lui demandant d'ouvrir son marché à nos produits dans le cadre d'échanges équitables. Pour parler de la France, est-il normal que notre déficit commercial avec l'empire du Milieu augmente continuellement, jusqu'à atteindre le record de 30 milliards d'euros l'an dernier ? Il n'y a pas de libre-échange qui tienne s'il est à sens unique.

Sur l'Iran aussi, Trump n'a pas dit ou fait que des bêtises. Certes, c'est aussi une grande civilisation, qu'il faut faire revenir d'urgence dans le concert des nations. Mais depuis les années 1970, elle est entre les mains d'une mafia de mollahs criminels, fourbes et véreux. Même si Obama avait pris leurs engagements pour argent comptant, ils n'ont pas de parole et sont capables de commettre à tout moment des actes de guerre. Par exemple, en 2019, quand ils ont attaqué des tankers en mer d'Oman ou bombardé par drones des installations pétrolières en Arabie saoudite. Ils se sont calmés depuis que le président américain a fait tuer, par drone encore, le général iranien Qassem Soleimani, exécuteur des basses besognes du régime.

Au Proche-Orient, grâce sera rendue aussi à Trump d'avoir osé braver les interdits en déclarant, ô sacrilège, que Jérusalem était la capitale de l'Etat hébreu et devait devenir, en conséquence, le siège de l'ambassade des Etats-Unis. Il a ainsi sorti Israël de sa condition d'infréquentable, de « juif des nations ». La bien-pensance et le lobby antijuif avaient prédit de conserve, entre autres carabistouilles, que cette décision bien inspirée provoquerait un embrasement de la région, voire une guerre mondiale. Il ne s'est rien passé.

Sur la Russie, enfin, il sera aussi beaucoup pardonné à Trump d'avoir tenté de mettre fin à la guerre froide qui gèle ses relations avec l'Occident, même si Vladimir Poutine vient de faire une nouvelle rechute en tentant, selon toute vraisemblance, de liquider un opposant, en l'occurrence Alexeï Navalny, après avoir fait assassiner Boris Nemtsov en 2015, à quelques pas du Kremlin. Des crimes signés, n'en déplaise aux chancelleries et au Quai d'Orsay, qui vont encore nous raconter des histoires de l'autre monde sur un prétendu « complot » interne contre le président russe.

Poutine n'en peut mais, il faut toujours qu'il gouverne par la terreur, à l'instar de son homologue turc Erdogan, un autre tueur d'opposants, avec lequel Trump en particulier et les dirigeants occidentaux en général sont d'une lâcheté, d'une complaisance crasses. Voilà qu'aujourd'hui la Turquie effectue des forages pétroliers exploratoires dans les eaux territoriales grecques avec un aplomb digne du IIIe Reich et dans l'indifférence munichoise de la communauté internationale. En dehors de la Grèce, un seul dirigeant a osé protester avec la véhémence qui s'imposait : Emmanuel Macron. Voilà qui donne l'occasion – de temps en temps, ça fait du bien – de se sentir fier d'être français.

Le 10 septembre 2020

12.

ERDOGAN-LA-MENACE

Erdogan est-il un nouvel Hitler ?

Il y a quelque chose d'obscène à comparer à Hitler le moindre tyranneau étranger ou politicien français et à assimiler au nazisme les déclarations déplaisantes ou xénophobes. Tels sont les effets de la banalisation du mal, pont aux ânes de la nouvelle doxa.

Dans un débat, le meilleur moyen de faire taire un contradicteur est de hurler au fascisme, au nazisme. La tendance n'a cessé de se développer, ces dernières décennies, au point qu'a été promulguée la loi de Godwin, du nom de son farceur d'inventeur qui a décrété que plus une discussion dure, plus grande est la probabilité que surgissent des comparaisons avec Hitler ou les nazis.

S'il ne faut pas abuser des comparaisons, reconnaissons que sont innombrables les rapprochements possibles entre le Führer et Recep Tayyip Erdogan, le dictateur élu de Turquie, le moindre n'étant pas qu'ils apparaissent tous deux comme des produits avariés de la démocratie. Ce sont les urnes qui ont porté Hitler au pouvoir en 1933.

Fort de sa majorité au Parlement, il put ensuite avoir recours à l'Acte générateur qui lui donna les pleins pouvoirs jusqu'à la chute du IIIe Reich, en 1945.

Hitler l'a fait, Erdogan marche sur ses pas. L'an dernier, le numéro un turc a remporté (à 51 % seulement) la majorité à un référendum constitutionnel, ce qui lui permettra de disposer, dès 2019, de nouvelles prérogatives dans le cadre de l'hyperprésidentialisation du régime. Sans aucun contre-pouvoir, le président pourra gouverner par décret, décider seul de l'état d'urgence, nommer les hauts fonctionnaires, tout en restant à la tête de l'AKP, son parti islamo-conservateur.

Défendant ce type de régime « présidentiel », Erdogan déclarait la veille du Nouvel An 2016 : « Il y a actuellement des exemples dans le monde et des exemples dans l'Histoire. Vous en aurez l'exemple dans l'Allemagne nazie. » Apparemment, sa langue avait fourché et son surmoi, craqué. Le palais présidentiel s'était fendu peu après d'un communiqué condamnant le nazisme mais, quelques mois plus tard, le chef de l'Etat avait fait une rechute en affirmant, chattemite : « Moi, je n'approuve pas ce qu'a fait Hitler, et je n'approuve pas non plus ce qu'a fait Israël. Quand il est question de la mort d'autant de gens, il est déplacé de se demander qui est le plus barbare. »

L'idéologie génocidaire du président turc se déploie sans vergogne dans son négationnisme sur l'extermination des Arméniens, perpétrée en 1915 par l'Etat turc, avec la bénédiction des autorités musulmanes (1 million et demi de morts). Encore une similitude avec l'hitlérisme : Erdogan approuve les politiques de liquidation ethnique. Selon la version officielle turque, qui ne tient pas debout, ce prétendu génocide aurait été, en réalité, une guerre civile, provoquée par la minorité arménienne, qui aurait fait à l'époque quelques centaines de milliers de victimes dans les deux camps. Sornettes !

Après les Arméniens, voici venu le tour des Kurdes de Syrie, qui furent les meilleurs alliés contre Daech. Erdogan, qui les qualifie contre l'évidence de « terroristes », promet de « détruire un par un tous leurs nids » en continuant de traiter leurs cousins de Turquie comme des *Untermenschen,* corvéables à merci, assassinés à l'insu de leur plein gré par la police. Comme les nazis, le président turc procède aussi à des autodafés, mais sans feu : la théorie de Darwin sur l'évolution n'est plus enseignée en Turquie et 139 141 livres, signés Spinoza ou Camus notamment, ont été retirés des bibliothèques du pays pour être pilonnés.

Comme le Führer, Erdogan, nostalgique de l'Empire ottoman, a des rêves de grandeur, voire d'expansionnisme cultuel et culturel. C'est ce que montrent sa bougeotte diplomatique et les incursions de son parti en Allemagne, en Bosnie ou encore en France. Comme le raconte Alexandre del Valle dans un livre passionnant et détaillé, *La Stratégie de l'intimidation*[1], c'est un de ses fidèles, Ahmet Ogras, homme-orchestre de la nébuleuse erdoganienne en Europe, qui préside le Conseil français du culte musulman, désormais arrimé à des positions islamo-conservatrices.

Il ne tient qu'à nous de faire redescendre Erdogan sur terre. Certes, sa formidable ascension repose sur une impressionnante croissance économique (+ 7,4 % en 2017). Mais elle est aussi le fruit de nos lâchetés munichoises.

---

1. L'Artilleur, 2018.

Tous les dirigeants occidentaux, y compris les plus tartarins ou les plus dynamiques, cèdent à ses chantages. Trump, Macron, même combat, pardon, même prudence, mêmes reculades. « Les choses ne sont jamais si douloureuses et si difficiles d'elles-mêmes, disait Montaigne, mais notre faiblesse et lâcheté les font telles. »

Le 24 mai 2018

Erdogan le Magnifique, sultan de la purification ethnique

De quoi Erdogan est-il le nom ? De la démesure, de la folie des grandeurs avec son palais présidentiel de 1 000 pièces qui semble avoir été conçu par Albert Speer, l'architecte d'Adolf Hitler. Ce ne serait pas trop grave si, par sa lâcheté, la communauté internationale ne l'incitait à devenir demain un fauteur de guerres, de massacres.

Même si elle est entachée de tricheries en tout genre, sa victoire électorale de dimanche dernier, après quinze ans de pouvoir, n'est guère contestable. S'il a gagné, ce n'est pas seulement parce qu'il a su rendre sa dignité politique à la Turquie ou qu'il l'a considérablement modernisée sur le plan économique. Ce résultat correspond surtout à l'air du temps, qui, à l'heure des replis sur soi, est aux ultranationalismes, à la virilité à tête de buffle.

Erdogan-Poutine-Orban-Salvini-Trump, même combat, même profil ? Ils ne sont pas semblables, loin de là, mais ils portent tous une colère identitaire. Souvent, ils incarnent des peuples qui vivent mal ce qu'ils ressentent comme un déclin, après que leur pays est tombé de la grande roue de l'Histoire, qui continue de tourner sans eux. Tel fut le cas des Allemands lors de la montée du nazisme, dans les années 1930, des Russes après le sabordage de l'Union soviétique ou des Turcs aujourd'hui.

Confrontés à des contre-pouvoirs dans le cadre d'une vraie démocratie, l'Américain Trump et l'Italien Salvini, as de la pensée magique, entrent dans une autre catégorie, celle des braillards populistes. Mais ils jouent sur les mêmes ressorts. Le sentiment de déclassement incite à peu près partout les peuples à se donner à des pouvoirs forts qui les font rêver en leur apportant l'illusion qu'ils leur rendront leur puissance d'antan.

La Turquie a la nostalgie de l'Empire ottoman et c'est ce sentiment que prétend incarner Recep Tayyip Erdogan avec son parler martial, jugulaire au menton, un pied en Tunisie, un autre en Algérie. Le président turc se veut l'héritier des tribus guerrières et nomades qui, avec les Mongols, s'étaient établies, au Ier millénaire de notre ère, en Sibérie orientale, au nord de la Chine, avant d'envahir l'Anatolie au XIe siècle puis de grignoter l'Empire byzantin jusqu'à la chute de Constantinople, considéré comme un bastion chrétien contre les avancées musulmanes.

Les Turcs ont la conquête dans le sang. Sous le règne de Soliman le Magnifique (1494-1566), l'Empire ottoman dominait d'une main de fer le Bassin méditerranéen et contrôlait une grande partie du Moyen-Orient, de l'Europe jusqu'aux portes de Vienne, les Balkans, le Caucase, l'Afrique du Nord, la corne de l'Afrique. Napoléon ou

Alexandre le Grand n'ont pas fait mieux, excusez du peu. Partout, il s'appuyait sur les notables locaux « collabos » sans rendre obligatoire la conversion à l'islam jusqu'à ce que le château de sable s'écroule. La réponse fut immédiate.

Sus au sang impur et à la chrétienté ! C'est au cours de l'affreux XXe siècle, quand leur espace vital s'est rétréci, que les Turcs furent frappés du syndrome de la purification ethnique et religieuse. Ils ont ainsi exterminé 1 200 000 Arméniens lors du génocide perpétré de 1915 à 1916, liquidant les deux tiers d'une population qui habitait cette terre depuis des temps immémoriaux, bien avant que les Turcs l'envahissent et se l'approprient.

Un génocide peut en cacher un autre. Dans la foulée, les Turcs tuèrent plus de 700 000 Assyriens ou Chaldéens entre 1914 et 1920, sans oublier de liquider 350 000 Grecs pontiques entre 1916 et 1923. Autant de minorités chrétiennes qui, comme les Arméniens, ont été décimées, rayées de la carte, dans l'indifférence quasi générale du concert des nations. Honte à nous !

Comme tous les nationalistes turcs, Erdogan est négationniste et fier de l'être. Avec une mauvaise foi insane, il refuse de reconnaître ces massacres qui sont tous historiquement avérés. Et, aujourd'hui, son ire s'est tournée contre les Kurdes, la seule minorité turque à n'avoir pas encore été exterminée. En leur temps, certains participèrent comme supplétifs aux différents génocides turcs. Ces temps-ci, les 12 à 15 millions de Kurdes de Turquie sont à peine tolérés : pour preuve, leur candidat à la présidentielle a fait campagne depuis sa cellule de prison ! Les 2,5 millions de Kurdes de Syrie sont, eux, dans le collimateur après avoir gagné aux avant-postes la guerre contre Daech. Le président turc les traite de « terroristes » pour mieux pouvoir les éradiquer demain. Leur crime : musulmans modernes et laïques, ils rêvent de fonder un Kurdistan, l'Etat auquel l'Histoire leur donne droit.

Puisse le nouveau sultan d'Istanbul considérer que son élection au premier tour n'est pas un blanc-seing permettant à la Turquie de relancer le grand nettoyage ethnique commencé à Afrine contre les Kurdes de Syrie. Depuis le temps, il est vrai qu'elle n'est pas à un génocide près…

Le 28 juin 2018

Pitié pour les Arméniens ! Honte à Erdogan !

Comparaison n'est pas raison et celle-là est si galvaudée, à propos de tant de dictateurs, qu'on ne peut la formuler que du bout des lèvres. Et pourtant il y a beaucoup de ressemblances entre Adolf Hitler et le président turc, Recep Tayyip Erdogan, le frelon de la Méditerranée, virevoltant d'un front l'autre, comme s'il cherchait la guerre.

Notre vieille Europe regarde cette agitation de loin, avec un air avachi. Mais elle est concernée au premier chef par la montée en puissance du néo-sultan Erdogan qui, après avoir réveillé le nationalisme ottoman, viole sans vergogne les eaux territoriales de la Grèce pour rechercher des gisements gaziers dans les fonds marins. N'est-ce pas ce qu'on appelle un acte de guerre ?

La moindre des similitudes entre Hitler et Erdogan n'est pas le nom qu'ils se sont donné : le chef, autrement dit le Führer pour l'un et le Reis pour l'autre. Il y a aussi la même hubris, la même mégalomanie, le même prurit de conquête, la même obsession fiévreuse de redonner à leur pays respectif sa gloire passée, quand, par exemple, les armées ottomanes étaient aux portes de Vienne. La même capacité aussi à faire tuer partout leurs opposants, comme ce fut le cas des trois militantes kurdes abattues par les services secrets turcs en plein Paris, au Centre d'information du Kurdistan, en 2013.

Tout en cherchant à redorer l'étoile et le croissant, les emblèmes qui figurent sur le drapeau turc, Erdogan entend finir le travail de ses lointains prédécesseurs. En liquidant, notamment, les populations chrétiennes qui vivaient dans l'Empire romain d'Orient (ou byzantin) avant que les Turcs, des nomades musulmans apparentés aux Mongols, l'envahissent et conquièrent sa capitale, Constantinople, en 1453. Sous prétexte qu'elles étaient là avant, le Reis leur refuse le droit de vivre, allant jusqu'à nier le génocide arménien perpétré par les Turcs (1,3 million de morts en 1915) avant et après de nombreux massacres.

Le génocide serait-il un sport national ? Si Erdogan s'en prend régulièrement à la Grèce, c'est sans doute parce que 350 000 Grecs pontiques (chrétiens) de Turquie ont eux-mêmes été exterminés entre 1915 et 1922, les autres étant condamnés à l'exode. Rongé par ses idées fixes, le néo-sultan ottoman fait penser à ces assassins qui reviennent sans cesse sur les lieux de leurs crimes pour effacer les traces et supprimer les derniers témoins. Sans oublier de chercher des poux à la descendance de leurs victimes.

Chacun ses juifs. Erdogan persécute les 15 millions de Kurdes de Turquie tout en essayant de massacrer, à intervalles réguliers, les 2,5 millions qui vivent encore de l'autre côté de la frontière, en Syrie : coupables d'avoir mené le combat contre Daech qu'il soutenait en douce, ils sont à ses yeux des « terroristes ». Officiellement, le nombre d'Arméniens dans son pays s'élève à… 60 000. Mais c'est encore trop. Le Reis ne supporte pas davantage l'existence à la frontière turque de l'Arménie, ancienne république soviétique, refuge des survivants du génocide. Avec ses 3 millions d'habitants, elle ne pèse rien face à la 17ᵉ économie du monde et aux 82 millions de Turcs.

Et voilà que le président turc s'engage contre les Arméniens en prêtant main-forte à l'Azerbaïdjan. Cet Etat dictatorial, pétrolifère et véreux, fort de 10 millions de sujets, tente de reprendre le contrôle du Haut-Karabakh, une petite république de 150 000 habitants, peuplée à 95 % d'Arméniens longtemps maltraités par les Azéris. Après la chute de l'empire communiste, cette région autonome avait proclamé son indépendance en demandant, comme le lui permettait la Constitution, son rattachement à l'Arménie qu'elle jouxte. Pour l'abattre, Erdogan a levé son armée de djihadistes, composée de centaines de soldats perdus de l'Etat islamique, comme il l'a fait en Libye où il est venu au secours – avec succès – du gouvernement de Tripoli, soutenu par les Frères musulmans.

L'Azerbaïdjan, qui croule sous l'or noir et sait recevoir richement ses hôtes, a par ailleurs souvent très bonne presse, comme on a pu l'observer en lisant l'AFP. Mais si l'on s'en tient à ses performances militaires passées, il n'aurait guère de chances de remporter sa guerre sans l'appui de la Turquie, nouveau gendarme de la région qui profite du cynisme de Poutine et de la lâcheté de l'Occident – M. Macron excepté, merci à lui de sauver l'honneur avec panache. Le Reis ne cache pas ses intentions, l'Empire ottoman est de retour, tout le monde est prévenu : les Arméniens, les Kurdes, les Grecs et les Européens, dont il contrôle quasiment la pratique de l'islam par associations interposées. Tous les grands criminels de l'Histoire ont toujours annoncé la couleur, c'est même à ça qu'on les reconnaît.

Le 8 octobre 2020

Remerciements

De Jean Daniel à Claude Imbert, avec lesquels j'ai travaillé de près, je n'ai jamais connu d'éditorialistes sûrs d'eux. Ce fut notamment vrai avec Jacques Julliard, Jean-François Revel ou Jean d'Ormesson. Ce genre journalistique est une école du doute, de la modestie, de l'intranquillité.

Comme mon ami Claude Imbert qui éditorialisa au *Point* pendant plusieurs décennies et auquel j'ai succédé, je suis à l'écoute de toutes les critiques ou observations de mes amis. Qu'Etienne Gernelle, le directeur du *Point*, qui en fait souvent, soit ici remercié, tout comme Sébastien Le Fol ou Christophe Ono-dit-Biot.

L'éditorial est toujours le résultat d'un travail collectif. Y participent des métiers que les non-initiés ne connaissent pas et auxquels nous devons beaucoup, nous qui écrivons : la rédaction en chef technique, les réviseurs ou les secrétaires de rédaction. Je tiens à remercier particulièrement Bruno Quéniart, Erwana Camus ou Aline Cochard qui m'accompagnent depuis tant d'années, sous la houlette de François-Xavier Buissonnière et de Christine Combier.

Table

2. COMMENT LA DROITE
VA PEUT-ETRE S'EN SORTIR…

3. LA NOUVELLE INQUISITION

4. DIRIGER LES FRANÇAIS, QUELLE GALERE !

5. « IL VENAIT DE LA NUIT... »
OU LES AVENTURES DE Z COMME...

6. L'ISLAMO-GAUCHISME
VA-T-IL TUER LA GAUCHE ?

7. JUSTICE, LES HYENES ET LES MOUTONS

8. PAYS EN DECLIN CHERCHE SAUVEUR

9. PARIS-MARSEILLE, LA DOUBLE MEPRISE

10. L'EUROPE, INVENTION FRANÇAISE

11. DINGUE, « LE DONALD » ?

12. ERDOGAN-LA-MENACE

DU MEME AUTEUR

ROMANS

Monsieur Adrien, 1982.

L'Affreux, Grand prix du roman de l'Académie française, 1992.

La Souille, prix Interallié, 1995.

Le sieur Dieu, prix Jean d'Heurs du roman historique, 1998.

Mort d'un berger, 2002.

L'Abatteur, 2003.

L'Américain, 2004.

L'Immortel (adapté au cinéma en 2010 sous le même titre), 2007.

Le Huitième Prophète, 2008.

Le Lessiveur, 2009.

Un très grand amour, 2010.

Dieu, ma mère et moi, 2012.

La Cuisinière d'Himmler, prix Epicure, 2013.

L'amour est éternel tant qu'il dure, 2014.

L'Arracheuse de dents, prix Récamier, prix Charette, prix des Ecrivains du Sud, 2016.

Belle d'amour, 2017.

Le Schmock, 2019.

Dernier été, 2020.

Rien qu'une bête, 2021.

ESSAIS POLITIQUES

François Mitterrand ou la tentation de l'histoire, 1977.

Jacques Chirac, 1987.

Le Président, 1991.

La Fin d'une époque, 1993.

Le Vieil Homme et la Mort, 1996.

François Mitterrand, une vie, 1996.

La Tragédie du président, 2006.

M. le Président : Scènes de la vie politique (2005-2011), 2011.

Derniers carnets. Scènes de la vie politique en 2012 (et avant), 2012.

Chirac, une vie, 2016.

Le Théâtre des incapables, 2017.

La dernière fois que j'ai rencontré Dieu, 2018

Bernard Tapie : leçons de vie, de mort et d'amour, 2021.

Histoire intime de la Ve République : le sursaut, 2021.

ESSAIS EN FAVEUR DE LA CAUSE ANIMALE

L'animal est une personne, pour nos sœurs et frères les bêtes, 2014.

Manifeste pour les animaux, 2014.

Composition : Nord Compo
Impression : CPI Firmin-Didot en février 2022
Editions Albin Michel
22, rue Huyghens, 75014 Paris
www.albin-michel.fr
ISBN : 978-2-226-46569-6
N° d'édition : 24621/01 – N° d'impression : 167759
Dépôt légal : mars 2022
Imprimé en France